अनुभव सिन्हा

निर्देशक, लेखक और निर्माता अनुभव सिन्हा ने फ़िल्मों के अलावा टीवी के लिए भी काफी काम किया है। शम्मी कपूर, मनोज बाजपेयी, आशीष विद्यार्थी और मिलिन्द गुणाजी जैसे फ़िल्मी सितारों को टीवी के परदे पर लेकर आनेवाला धारावाहिक 'शिकस्त' (1993) उनकी आरम्भिक निर्देशकीय कृति थी जिसके पायलट एपिसोड से प्रभावित होकर गुलज़ार ने एक नज़्म उन्हें भेंट की थी। जिसे बाद में नसीरुद्दीन शाह के स्वर में इस शो के टाइटल सिक्वेंस में इस्तेमाल किया गया। इसके बाद उन्होंने टीवी के लिए इंडियन कास्ट गार्ड पर आधारित 'सी हाक्स' (1995-98) का निर्देशन किया। 1998-2001 के दौरान उन्होंने लगभग दो सौ म्यूजिक वीडियोज का निर्माण भी किया।

बतौर फ़िल्म-निर्देशक उन्होंने नए कलाकारों से लेकर इंडस्ट्री के स्टार्स तक के साथ फ़िल्में दी हैं जिनमें 'तुम बिन', 'रा-वन', 'दस', 'कैश', 'गुलाब गैंग', 'जिद', 'तुम बिन-2' और अब 'मुल्क' आदि फ़िल्मों ने दर्शकों और आलोचकों सभी का ध्यान खींचा। सन् 2012 में उन्होंने फ़िल्म-निर्माण के क्षेत्र में कदम रखा और 'बनारस मीडियावर्क्स' की स्थापना की जिसके तहत वे फ़िल्मों के अलावा मोबाइल कंटेंट, यू ट्यूब और ऑनलाइन म्यूजिक के क्षेत्र में काम करेंगे।

अनुभव सिन्हा की प्रतिष्ठा इधर उनकी फ़िल्मों के अलावा इस बात के लिए भी बनी है कि वे बॉलीवुड के अकेले ऐसे फ़िल्मकार हैं जो अपनी फ़िल्मों की शूटिंग कम-से-कम समय में कर लेता है। 'मुल्क' उन्होंने मात्र 27 दिन में पूरी की और उनकी आने वाली फ़िल्म 'अभी तो पार्टी शुरू हुई है' मात्र 24 दिन में पूरी हुई है।

मुल्क

अनुभव सिन्हा

राजकमल पेपरबैक्स

राजकमल पेपरबैक्स में
पहला संस्करण : 2018

राजकमल पेपरबैक्स : उत्कृष्ट साहित्य के जनसुलभ संस्करण

राजकमल प्रकाशन प्रा. लि.
1-बी, नेताजी सुभाष मार्ग, दरियागंज
नई दिल्ली-110 002
द्वारा प्रकाशित

शाखाएँ : अशोक राजपथ, साइंस कॉलेज के सामने, पटना-800 006
पहली मंज़िल, दरबारी बिल्डिंग, महात्मा गांधी मार्ग, इलाहाबाद-211 001
36 ए, शेक्सपियर सरणी, कोलकाता-700 017

वेबसाइट : www.rajkamalprakashan.com
ई-मेल : info@rajkamalprakashan.com

यश प्रिंटोग्राफिक्स
नोएडा-201 301 (उत्तरप्रदेश)
द्वारा मुद्रित

मूल्य : ₹150

MULK
Screenplay by Anubhav Sinha

ISBN : 978-93-88183-26-0

माँ, थोड़ी देर कर दी मैंने
ये फ़िल्म बनाने में
जो तुम्हें बहुत अच्छी लगती...
पापा को बहुत पसन्द आई...
ख़ूब आशीर्वाद दिया उन्होंने मुझे!

ये फ़िल्म तुम्हारे और पापा के लिए...

प्रस्तावना

भीड़ के ख़िलाफ़, देश के लिए

मुझे अपना कॉलेज याद आता है। एक कवि सम्मेलन था और मंच पर एक मशहूर कवि। मोहब्बत की कविताएँ पढ़ते-पढ़ते उसने राजनैतिक होने की कोशिश की और आईआईटी के सैकड़ों लड़के-लड़कियों के सामने पूरे जोश और जश्न के साथ यह प्रसिद्ध लाइन कही—हम मानते हैं कि सारे मुसलमान आतंकवादी नहीं होते लेकिन सारे आतंकवादी मुसलमान ही क्यों होते हैं?

तालियों की गड़गड़ाहट से पूरा हॉल गूँज गया था। उस भीड़ में जो मुसलमान होंगे, वे घर लौटकर रोए होंगे क्या? या उन्हें आदत पड़ गई होगी तब तक? क्या यातना की भी आदत पड़ जाती है? उनमें से भी कोई बना होगा क्या आतंकवादी? क्या उससे मोहब्बत की जा सकती है जो आप पर लगातार शक करता है?

सारे आतंकवादी मुसलमान ही क्यों होते हैं, यह सवाल बहुत से लोगों को जायज़ भी लग सकता है क्योंकि यह पूछना बहुत कम लोगों को आता है कि आतंकवाद दरअसल है क्या?

यह बहुत साल बाद 'मुल्क' की आरती मोहम्मद को पूछना था कि कहीं ऐसा तो नहीं है कि इस्लामिक आतंकवाद के अलावा जितनी भी तरह के आतंकवाद हैं, उन्हें हम बस कुछ और बोल देते हैं, उन्हें मामूली मान लेते हैं? क्या ऊँची जाति के लोग जो सुलूक सदियों से दलितों के साथ करते आए हैं, वो आतंकवाद नहीं है? क्या आदिवासियों की हत्या आतंकवाद नहीं है?

ख़ैर, उस रात वहाँ पढ़े-लिखे और बुद्धिमान माने जाने वाले लड़के-लड़कियाँ ही थे—यह तथ्य मुझे आज भी विचलित कर देता है। यह भी कि उनमें मुसलमान बहुत कम थे। मुसलमान थे कहाँ क्योंकि सुना था कि मदरसों में भी 4-5 प्रतिशत ही पढ़ते थे और आतंकवादी भी बने होंगे तो दो-चार हज़ार से ज़्यादा क्या बने होंगे? क्या वे जानबूझकर हमसे अलग रहते थे? क्यों उनके मोहल्ले अलग थे? क्या वे दुश्मन थे हमारे? क्या सचमुच पाकिस्तान के जीतने पर पटाखे बजाते थे? वे बढ़ेंगे तो मार डालेंगे क्या हमें?

किताबें भारतीय होने पर गर्व करने को कहती थीं और दीवारों पर लिखे नारे हिन्दू होने पर। फ़ेक न्यूज़ तब भी थीं लेकिन संगठित ढंग से नहीं। अफ़वाहें तब भी फैलती थीं लेकिन उनके पास वॉट्सऐप जैसा हथियार नहीं था।

हम नब्बे से कुछ साल पहले पैदा हुए लोग थे, और नब्बे के आसपास के समय ने उसके बाद के पूरे समय को गढ़ा था। ज़्यादा पैसा आया था ज़िन्दगी में और आई थी ज़्यादा हिंसा। कश्मीर में पंडितों को मारा गया था, निकाल दिया गया था उस ज़मीन से जो उनकी अपनी थी। बाबरी मस्ज़िद टूटी थी, फिर दंगे हुए थे और होते रहे थे।

लेकिन उसी समय मनोरंजन के इतने साधन आते गए और उनके साथ आई ढेर सारी भुलक्कड़ी और अज्ञान की आदत। उसके बाद गंगा-जमुनी तहज़ीब की बात करना कूल नहीं रहा। उसके बाद हमारे नायक लगातार और खोखले, और हिंसक होते गए। उसके बाद झूठ फैलाना आसान होता गया। उसके बाद इतिहास पढ़ने वाले लोग लगातार कम होते गए। 'मुल्क' की जड़ें इसी समय में हैं।

इसी जनवरी की बात है। मैं किसी और फ़िल्म के सिलसिले में अनुभव सिन्हा से मिला था। अनुभव मुल्क शूट कर चुके थे और अपनी अगली फ़िल्म की तैयारी कर रहे थे। सुधीर मिश्रा ने उनसे मिलवाया था और कहा था कि इसने बहुत अच्छी फ़िल्म बनाई है—अपनी अब तक की सबसे अच्छी फ़िल्म।

तब भी जो मैंने देखा, उसने चौंका दिया मुझे। अनुभव अपने करियर के एक अलग रास्ते पर थे—बहुत बेचैन और बहुत साफ़। उन्हें याद भी नहीं था कि यह फ़िल्म जो वे बना रहे हैं, यह बहुत साहसी फ़िल्म है। और यह बात ही अपने आप में कितनी अभागी है कि किसी फ़िल्म का आँखें खुली रखके सच को साफ़-साफ़ बोलना और तटस्थ रहना इतना दुर्लभ हो गया है।

फ़िल्म का पोस्ट-प्रोडक्शन चल रहा था और अनुभव सुझाव और बदलाव तलाश रहे थे। हमने बहुत सारी बातें कीं। इस पर कि क्या बेहतर किया जा सकता है, कहीं कुछ छूट तो नहीं गया है, किसी क्षण फ़िल्म अपनी तटस्थता तो नहीं खोती ? फ़िल्म को ख़त्म कहाँ किया जाए और सबसे आख़िरी बात क्या कही जाए ?

उस प्रक्रिया में आरती के माता-पिता की एक फ़ोन कॉल जुड़ी और जो सबसे महत्त्वपूर्ण चीज़ जुड़ी, वो था जज का किरदार। कुछ समस्याएँ थीं, इसलिए जज का पूरा हिस्सा रीशूट किया जाना था। और यह मौका था हमारे पास, फ़िल्म को और भी दिलचस्प बनाने का, और आख़िर में वो कहने का जो हम कहना चाहते थे।

यह किताब इसलिए भी महत्त्वपूर्ण हो जाती है कि हिन्दी फ़िल्मों की गिनी-चुनी

पटकथाएँ ही हिन्दी में छपी हैं। बहुत सारी इनसानी और तकनीकी दिक्कतें हैं, जिनकी वजह से ज़्यादातर पटकथाएँ अंग्रेज़ी में ही लिखी जाती हैं—एक्शन अंग्रेज़ी में और डायलॉग रोमन लिपि वाली हिन्दी में। कभी-कभी यह भी अपने समाज से एक अनचाही दूरी पैदा करता होगा। या ना भी करता हो, किसे पता है!

'मुल्क' की सफलता ने मुझे अपने देश के लिए एक बार फिर गर्व से भर दिया है। यह भारत की अवधारणा में और यक़ीन पैदा करने वाली बात है। यह तसल्ली देने वाली कि हमारी अन्दरूनी फ़ितरत तो यही है कि हम साथ रहना चाहते हैं और प्यार करना चाहते हैं। बाक़ी सब प्रॉपेगेंडा है, धार्मिक और राजनैतिक चिनगारियाँ हैं। बस दुख की बात यह है कि वे अक्सर हमें बाँटने में कामयाब हो जाती हैं।

बहुत से लड़कों ने बम फोड़े हैं, आग लगाई है, गोलियाँ चलाई हैं। कितने लोगों ने आतंकवादी हमलों और दंगों में अपनी जान के टुकड़ों को खोया है और कितने बेक़सूर जवान लड़के जेलों की यातनाएँ सहते-सहते बूढ़े हुए हैं। और इसी सब से बहुत सी सरकारें बनी और गिरी हैं।

ग़लतियाँ हर तरफ़ से होती हैं और उनकी सज़ाएँ या माफ़ियाँ भी होनी चाहिए। लेकिन 2018 की समस्याएँ इससे हल नहीं होंगी कि 500 साल पहले किसने किसके साथ क्या किया था।

हमें दोस्तियाँ करनी होंगी, एक-दूसरे के घरों में आना-जाना होगा, भरोसा करना होगा इंसानों पर—दाढ़ियों और तिलकों पर नहीं। हर उस सभा के ख़िलाफ़ खड़े होना होगा, जहाँ धर्म के कपड़े पहनकर हिंसा के लिए उकसाया जा रहा हो। और जब भी कोई कहे कि हम अच्छे हैं और वे बुरे, तो घर आकर कैलेंडर देखना होगा कि इलेक्शन में कितना टाइम बचा है?

हम सब कहीं न कहीं, किसी न किसी तरह से अल्पसंख्यक हैं या हो सकते हैं। चेन्नई में एक उत्तर भारतीय अल्पसंख्यक है और श्रीनगर में एक हिन्दू। इसलिए यह सिर्फ़ मुसलमानों की कहानी नहीं है। यह उन सब लोगों की कहानी है जो अकेले पड़ गए हैं या जिन्हें अकेला कर दिया गया है। भीड़ ने बहुत सारे घर घेर लिए हैं पर वे घर किसी के भी हो सकते हैं। मुझे और आपको अपने बच्चों को उस भीड़ से निकालना है।

—गौरव सोलंकी

अगस्त, 2018
अँधेरी (वेस्ट), मुम्बई

मतलब क्या है...

अतरसुइया, इलाहाबाद, 1976। मैं ग्यारह साल का था। पिताजी के साथ साइकिल पर आगे बैठ के कहीं जा रहा था। ठीक से याद नहीं कहाँ से कहाँ। हमारे दाएँ हाथ पर एक मैदान था और बाईं तरफ़ एक बाज़ार। धुँधला-सा याद है कुछ। जो छप गया मन में वो एक अचानक शोर था। हमारे आगे भीड़-सी थी कुछ और कुछ अफ़रा-तफ़री। पिताजी ने साइकिल रोकी, मुझे उतारा, साइकिल फेंककर मुझे लगभग घसीटते हुए साथ के बाज़ार में एक चाय की दुकान में छुप गए। मुझे कुछ समझ नहीं आया। कुछ आवाज़ें याद हैं। कुछ लोग चाय की दुकान से बाहर झाँककर पिस्तौल-पिस्तौल कह रहे थे। फिर एक आवाज़ हुई। थोड़ी देर में समझ में आया कि वो गोली की आवाज़ थी। फिर शोर और फिर शान्ति। पिताजी ने बाहर झाँककर देखा। सब शान्त हो गया था। हम लोग धीरे-धीरे साइकिल तक गए और निकल गए वहाँ से। ये पहली स्मृति है मेरी किसी भी हिंसा की। नहीं जानता उस हिंसा का कारण क्या था। पर कुछ था जो रह गया मेरे साथ।

अलीगढ़, 1985। उन दिनों कुछ महीनों के लिए सभी हॉस्टल्स में एक अजीब- सा दौर था। कमरों में चोरियाँ हो जाती थीं। ताले टूट जाते थे। हमारे क़ीमती सामान ग़ायब हो जाते थे। किसी का वॉकमैन, किसी की घड़ी, किसी का कुछ, किसी का कुछ। एक नाम था, नादिर। कोई बाहर का लड़का था, गुंडा था दरअसल। उसका भूत जैसा विवरण फैल गया था यूनिवर्सिटी में। किंवदंतियाँ मशहूर हो गई थीं, कि वो चोरी कर रहा था और उस कमरे में रहनेवाला लड़का अचानक पहुँच गया। नादिर ने उसके ऊपर पिस्तौल तान दी और सामान ले के चला गया। एक अजीब-सा डर था उन दिनों। लोग कहते थे कि हत्याएँ भी कर चुका था वो। किसी ने देखा नहीं था उसे और कोई जानता भी नहीं था। फिर एक दिन हॉस्टल के बाहर कुछ शोर-सा हुआ। हम सब बाहर पहुँचे। पुलिस लगी हुई थी काफ़ी। हमारे हॉस्टल के बाहर सड़क थी एक। वो यूनिवर्सिटी की हद के बाहर थी। वहाँ एक पुलिस एनकाउंटर हुआ था। बाहर पहुँचे तो पता चला कि नादिर को पुलिस ने मार गिराया था। वो चाहते थे कि हम में से कुछ लोग जा के शिनाख़्त करें कि वो यूनिवर्सिटी का लड़का नहीं था। पता नहीं क्यूँ, मैंने भी जा के शिनाख़्त करने का फ़ैसला किया।

एक ताज़ा लाश देखी। ख़ून काफ़ी फैला हुआ था। आँखें खुली थीं नादिर की। पतला, छरहरा, गेहुआँ 27-28 साल का लड़का सड़क के किनारे पड़ा हुआ था। ये हिंसा की दूसरी बड़ी स्मृति है।

इस बीच पढ़ा था हिंसा के बारे में। अक्सर अख़बारों में। सुना था गप्पों और कहानियों में पर तब तक हिंसा का कोई रंग नहीं था मेरे मस्तिष्क में। सिर्फ़ एक शब्द था 'हिंसा' जिससे मेरे किसी जानने-पहचानने वाले का नुक़सान नहीं होता था।

दंगे भी होते थे प्रदेश में। उस समय देश के बारे में ज़्यादा पता नहीं चलता था। प्रदेश ही था सब कुछ। और दंगों का भी ऐसा था कि कहीं और होते थे दंगे। कहीं और मरते थे लोग। हम तक सिर्फ़ अख़बार आता था, या फिर रेडियो पर संक्षिप्त समाचार कि एक समुदाय के लोगों ने दूसरे समुदाय के लोगों के साथ ऐसा किया या वैसा। समुदाय का नाम भी नहीं होता था। हिंसा का तब भी कोई रंग नहीं था ज़ेहन में। ये कोई आपदा थी शायद जो हर साल आती थी फिर चली जाती थी। कुछ हिन्दू मर जाते थे कुछ मुसलमान। मैं नहीं मरा कभी, मेरा कोई नहीं मरा कभी।

1981, चौरछठवा, बनारस। इस प्रसंग का हिंसा से कोई रिश्ता नहीं है। बस इसी कड़ी में याद आया। शायद मैं तलाश रहा हूँ वो ज़मीन जहाँ तक इस फ़िल्म 'मुल्क' की जड़ें जाती हैं। मैं सोलह बरस का था। हर इतवार सुबह सो के उठते थे तो पिताजी ग़ायब होते थे। वो मटन ख़रीदने गए होते थे। मैं और बहन घर पे बेगम अख़्तर, या जगजीत सिंह या मन्ना डे या ऐसा कुछ रेकार्ड प्लेअर पर बजा रहे होते थे। लंच में माँ बेहतरीन मटन बनाती थी और हम खा के सो जाते थे या खेलने निकल जाते थे। हमारे मकान मालिक ईसाई थे। जॉनसन अंकल, विक्टर जॉनसन। सुनील के पापा। सुनील मेरा दोस्त, जो आज भी दोस्त है मेरा। उनके घर भी मटन बनता था। वो भी हमारे जैसे दिखते थे। बस फ़र्क़ इतना था कि होली-दिवाली के अलावा वो एक और त्योहार मनाते थे। दिसम्बर में। उस दिन केक खाने को मिलता था। सुनील हमारे घर खाता था, हम उसके घर। अशरफ़ अंकल भी खाते थे हमारे घर। पापा के सबसे अच्छे दोस्त थे। कभी मिठाइयाँ वग़ैरह भी लाते थे हमारे लिए। अशरफ़ अंकल के लिए अलग बर्तन थे हमारे घर में। वो बर्तन मुसलमान मेहमानों के लिए थे दरअसल। अशरफ़ अंकल को भी पता था कि उनके बर्तन अलग थे, पर उन्हें कोई ऐतराज़ नहीं था। या रहा भी हो तो कहा नहीं उन्होंने कभी। एक दिन मुझे और जिज्जी को लगा कि ऐसा क्यों। हमने माँ से पूछा, उसके पास भी जवाब नहीं था। वो हमारे ननिहाल से लाई थी यह परम्परा। वहाँ कहाँ से आई, किसी को पता नहीं था। माँ को तो नहीं ही पता था। मैंने और जिज्जी ने जिरह की। माँ का

कोई विरोध याद नहीं मुझे। किया तो होगा ही उसने, परम्पराओं को मुश्किल से ही तोड़ती थी। पर एक दिन था जिस दिन अशरफ़ अंकल के बर्तन घर के बर्तनों में मिला दिए गए। ये पक्का याद है मुझे।

दिसम्बर, 1982। मैं सत्रह साल का था। अलीगढ़ मुस्लिम विश्वविद्यालय में इंजीनियरिंग की पढ़ाई करने जा रहा था। मुहल्ले और रिश्तेदारों में कुछ लोग ऐसा एहसास दिला रहे थे कि शायद बहुत सुरक्षित नहीं होगा। सच कहूँ तो मैं भी डरा हुआ था। मैं शायद वहाँ जा रहा था जहाँ दंगे होते थे। वो दंगे जो पहले मुझसे कहीं बहुत दूर हुआ करते थे। शायद मैं उन दंगों के आस-पास जा रहा था कहीं। शायद कुछ 6 महीनों में वहाँ मेरे सबसे अच्छे दोस्त बन गए थे। दंगे यहाँ से भी कहीं दूर हुआ करते थे। यहाँ भी अख़बारों से ही ख़बर आती थी या रेडियो से। मेरे आस-पास दंगे अब भी नहीं होते थे। बनारस में अजीत था, सुनील, प्रफुल्ल, राकेश, मनोज और अलीगढ़ में अब मेरे आस-पास परवेज़ था, नसीम, नवेद और आफ़ताब। ये सब आज तक दोस्त हैं मेरे। ज़्यादातर से बात होती रहती है। देश-दुनिया की बातें होती हैं। वो दंगे हमारी स्मृति का हिस्सा नहीं हैं। सिर्फ़ उनकी ख़बरें हैं।

दिसम्बर, 1992। अयोध्या। मैं कभी बहुत बचपन में फ़ैज़ाबाद तक गया हूँ। अयोध्या कभी नहीं गया। वहाँ एक मन्दिर था शायद कभी जो बाबर ने सैकड़ों साल पहले तोड़ के एक मस्जिद बना दी थी। उस वर्ष देश में कुछ ऐसी राय हुई कि वहाँ फिर मन्दिर बनना चाहिए। हिंसा हुई अयोध्या में। मैं बम्बई आ चुका था। कुछ चित्र थे डिंघ में जो रुक गए। मस्जिद के ऊपर चढ़े हुए कुछ लोग। कुछ भगवा झंडे। भगवान श्रीराम के नारे। मस्जिद ढहा दी गई। फिर हिंसा पूरे देश में हुई। हिंसा बम्बई में भी हुई। हिन्दू भी मरे, मुसलमान भी। इस बार पता नहीं क्यों दंगा मुझसे दूर नहीं हुआ था। मेरे आस-पास हुआ था। इस बार के दंगे संगठित थे। इस बार हर सम्प्रदाय का नाम लिया गया। मैंने मेरे सामने किसी को मरते नहीं देखा पर पता नहीं क्यों इस बार दंगे दूर नहीं हुए थे। पड़ोस में ही हुए थे।

चार बंगला, मुम्बई। मार्च, 1993। मैं और गुड्डा शशांक के घर पर कुछ बना-खा रहे थे। अचानक शशांक के बड़े भाई सोनाल का फ़ोन आया। वो दक्षिण मुम्बई में एक ऐड एजेन्सी में काम करता था। सोनाल ने कहा कि घर से मत निकलना, कहीं बम फटा है कोई। फिर थोड़ी देर में पता चला कि शायद एक और फटा। फ़ोन भी चलने बन्द हो गए थे। नीचे सिगरेट की दुकान पर उतरे तो तरह-तरह की अफ़वाहें। इतने मर गए या शायद उतने। दस ब्लास्ट हो गए या शायद ग्यारह। क्या पता कोई

बम पास में ही फटने वाला हो। बहुत डर लग रहा था। पर हम दिखा नहीं रहे थे एक दूसरे को। किसी को पता भी नहीं था कि ये बम क्यों फटे थे। एक-दो दिन बाद हम वरली गए थे, सबसे बड़े ब्लास्ट का असर देखने। एक बस खड़ी थी एक कोने। बिलकुल ध्वस्त। क़रीब एक किलोमीटर तक बिल्डिंगों के परखच्चे उड़ गए थे। इस बार दंगा घर तक आ गया था। बाद में पता चला कि ये धमाके 1992 के के दंगों की प्रतिक्रिया थी। ये दंगे दाऊद इब्राहीम ने 92 के दंगों में मुसलमानों की हत्याओं के विरोध में करवाए थे। इस घटना को आतंकवादी हमले का नाम दिया गया। उस समय आतंकवाद के विषय में हमें ठीक से पता भी नहीं था। सिर्फ़ इतना पता था कि धमाके हुए और ढेरों लोग मरे। मुझे ठीक से पता नहीं कि क्या सिर्फ़ हिन्दू मरे थे इन धमाकों में या मुसलमान भी मरे थे। मुसलमान भी मरे होंगे। गणित और औसत के हिसाब से लगभग 18 प्रतिशत मुसलमान मरे होंगे। तो फिर मुसलमानों की हत्याओं का बदला लेने के लिए कोई मुसलमानों को कैसे मार सकता है! इस सवाल ने परेशान किया मुझे। काफ़ी परेशान। एक और सवाल ने परेशान किया मुझे कि सुनील तो गया नहीं अयोध्या, या अजीत, या प्रफुल्ल या राकेश। तो कौन गया था वहाँ? कौन ले गया थे उन्हें वहाँ? परवेज़ ने तो साथ नहीं दिया दाऊद का उन धमाकों में। ना नवेद ने, ना नसीम या आफ़ताब ने। तो फिर किसने बम लगाए थे वहाँ और क्यों? यहाँ जड़ है शायद इस फ़िल्म की। और यहाँ कि आतंकवाद का मतलब क्या है।

बरसों पहले एक छोटी-सी ख़बर में पढ़ा था कि इसरायल में एक आत्मघाती हमले में एक मुसलमान लड़की ने बहुत सारे इसरायलियों की हत्या कर दी। उसका फ़ोटो भी छापा था छोटा-सा। नाम था आयत। एक बेहद ख़ूबसूरत कमसिन लड़की। मैं विचलित हो गया उस फ़ोटो को देख के। किसी माँ-बाप की बच्ची होगी ये। धार्मिक रहे होंगे माँ बाप कि बेटी का नाम आयत रखा। फिर क्या हुआ कि आयत ने दूसरों की जान लेने के लिए अपनी जान दे दी? क्या इतने सारे दुश्मन थे उसके? क्या सारे के सारे दुश्मन उस वक़्त एक ही जगह बैठे थे कि उसने अपनी कमर में एक बम बाँधा और वहाँ जाके ख़ुद को उड़ा दिया? क्या अपने माँ-बाप को बताया होगा आयत ने? क्या वो मान गए होंगे ऐसा करने के लिए? क्या आयत की कोई और बहन भी रही होगी? उसको कैसा लगा होगा? क्या आयत ने बटन दबाने से पहले सोचा होगा कि जाने दूँ? क्या दर्द हुआ होगा उसे? कितनी नफ़रत रही होगी आयत के दिल में और क्यों? उदास हो गया था। फिर कोशिश में लग गया जानने की कि हो क्या रहा है दुनिया के उस हिस्से में। फिर कहानी फ़िलिस्तीन से शुरू हुई तो दुनिया के हर हिस्से में पहुँची। मध्य पूर्व, अफ़ग़ानिस्तान, पाकिस्तान, कश्मीर, अयोध्या, मुम्बई, गुजरात और जाने कितने-कितने दंगे और आतंकवादी हमले

समझ में आए। इनमें से कोई भी हमला न अजीत ने किया था न सुनील ने, ना आफ़ताब ने, ना नवेद ने, ना नसीम ने, ना राकेश ने। ये दंगे कोई और कर रहा था और उन्हें रोकने की ज़रूरत थी। मेरे अकेले के बस की नहीं थी। आपके अकेले के बस की नहीं है। हम सब को एक मेज़ के चारों तरफ़ बैठना होगा। पहचानना होगा कि कौन हैं जो आयत की कमर पर बम बाँध देते हैं। वो कौन हैं जो कश्मीर से हज़ारों-हज़ारों लोगों को रातोंरात बेघर कर देते हैं। उनसे ताक़त छीननी होगी उनकी। वो ताक़त नसीम और नवेद के पास नहीं है ना सुनील और प्रफुल्ल के पास। वो ताक़त किसी और के पास है जिसे हमने और आपने दी है ताक़त। मैंने, आपने, सुनील ने, नवेद ने, आफ़ताब ने। वो ताक़त छीननी होगी।

यहीं कहीं से आयी है 'मुल्क'। बहुत दिल से बनाई है। फ़िल्में तो पहले भी बनाई हैं। इस बार किताब भी छपेगी सुना है। ये नया है। सुना जिल्द पर मेरा नाम होगा। ये और भी अच्छा। ऐसा सोचा नहीं था कभी। शुक्रिया अविनाश दास इस ख़याल के लिए। शुक्रिया सत्यानन्द निरुपम और अलिन्द महेश्वरी। प्रदीप अवस्थी का आभार, पटकथा को किताब की शक्ल में बदलने में मदद करने के लिए।

और सबसे ज़्यादा शुक्रिया अंजुम रजब अली, सुधीर मिश्रा और गौरव सोलंकी का इस फ़िल्म को बनाने में मेरी मदद करने के लिए। अंजुम ने जाने कितने ड्राफ़्ट पढ़े इस पटकथा के। शूटिंग के एक रात पहले तक। जाने कितनी ऐसी चीज़ों की वाहवाही मुझे मिल रही होगी जिनका श्रेय इन तीनों को जाता है।

—अनुभव सिन्हा

अगस्त, 2018
मुम्बई

मुख्य निर्माण दल

लेखक, निर्देशक	:	अनुभव सिन्हा
निर्माता	:	दीपक मुकुट, अनुभव सिन्हा
छायांकन	:	इवान मुलिगन
कार्यकारी निर्माता	:	सागर आर. शिरगावंकर
सीएफओ बनारस मीडिया वर्क्स	:	ध्रुव कुमार दुबे
पटकथा परामर्श	:	अंजुम रजबअली
सहायक निर्माता	:	कलीम खान
सम्पादक	:	बल्लु सलुजा
ध्वनि	:	कामोद एल खराडे
कला निदेशक	:	निखिल कोवाले
संगीत	:	प्रसाद साष्टे एवं अनुराग सैकिया
गीतकार	:	शकील आज़मी
पार्श्व ध्वनि	:	मंगेश धाकड़े
वेशभूषा	:	दीपिका लालवानी एवं अनिरुद्ध सिंह
मेक अप एवं हेयर डिज़ाइनर	:	यास्मिन रॉजर्स
स्टंट	:	रियाज़ शेख़ एवं हबीब हाजी
कास्टिंग	:	भरत झा

पटकथा

मुख्य किरदार

मुराद अली मोहम्मद	:	ऋषि कपूर
तबस्सुम मोहम्मद	:	नीना गुप्ता
आरती मोहम्मद	:	तापसी पन्नू
छोटी तबस्सुम	:	प्राची शाह पांड्या
बिलाल मोहम्मद	:	मनोज पाहवा
शाहिद मोहम्मद	:	प्रतीक बब्बर
दानिश जावेद	:	रजत कपूर
सन्तोष आनन्द	:	आशुतोष राणा
जज—हरीश मधोक	:	कुमुद मिश्रा
आफ़ताब (अतिथि कलाकार)	:	इन्द्रनील सेनगुप्त
आयत मोहम्मद	:	वर्तिका सिंह
राशिद	:	अश्रुत जैन

फेड इन

अन्दर। मदरसा तालीम-उल-इस्लाम—दिन

एक ब्लैकबोर्ड का टाइट क्लोज़ अप और एक आदमी की आवाज़ सुनाई देती हुई जो दिख नहीं रहा है। एक हाथ उर्दू में 'ख़ुदा' लिखता है और उसके आगे उर्दू में 'जुदा' लिखता है। दोनों के बीच बहुत ज़रा-सा अन्तर—एक बिन्दु का स्थान।

टीचर (O.S.)

यहाँ नुक़्ता लगाएँगे तो?

बच्चे

ख़ुदा।

टीचर

यहाँ पे नुक़्ता लगाएँगे तो?

बच्चे

जुदा।

फ़िल्म के क्रेडिट्स आते हैं। साथ में वॉइस ओवर। गाने के बोल।

V.O.

ए जी सब आया एक ही घाट से और उतरा एक ही बाट या बीच में दुविधा पड़ गई तो हो गए बारा बाट। अरे कहाँ से आया कहाँ जाओगे, ख़बर करो अपने तन की। कोई सद्‌गुरु मिले तो भेद बतावे भूल जावे अन्तर की।

बाहर। दरगाह—दिन

वाराणसी के एक मुस्लिम इलाक़े में एक दरगाह में हम एक 'उर्स' देखते हैं।

बाहर। मुस्लिम बाज़ार—दिन

टोपी पहने आदमियों और बुर्क़ा पहने औरतों से भरी एक गली। एक मोटरसाइकिल पर दो पुलिस वाले इस भीड़भाड़ में चुपचाप और आराम से घूम रहे हैं। पीछे बैठा हुआ पुलिस वाला अपने कानों के पास एक रेडियो लगाए नज़रें बचाकर इधर-उधर देखता है। ऐसे इलाक़े की छवियों और आवाज़ों का मोंटाज।

अन्दर। मदरसा तालीम-उल-इस्लाम—दिन

मदरसे में बच्चे क़ुरान से आयतें पढ़ रहे हैं। गाने के बोल।

V.O.

अरे हिन्दू-मुस्लिम दोनों बुलाने खटपट नहीं ऐठ की, जोगी जंगम शेठ शेवड़ा लालच नाय रे आफ़त की। अरे का से आया कहाँ जाओगे, ख़बर करो अपने तन की, कोई सद्गुरु मिले तो भेद बतावे भूल जावे अन्तर की।

बाहर। मुस्लिम बाज़ार—दिन

क्रेडिट्स के अन्त में, एक मुस्लिम लड़का, शाहिद (28), ऐसी ही एक गली में साइकिल चलाता हुआ आता है। वह उन दोनों पुलिसवालों को देखता है, दोबारा आगे सड़क की ओर देखता है और आगे निकल जाता है। वह जानता है वह कहाँ जा रहा है और नहीं चाहता कि कोई उसे देख ले।
क्रेडिट्स ख़त्म होते हैं।

अन्दर। मुस्लिम घर—दिन

एक खिड़की पर, महफ़ूज़ आलम *(लगभग 40)*, पुलिसवालों को देखते हुए शाहिद के पीछे से सामने आता है और एक छोटा सूटकेस पैक करता है। वह अपने पहनावे और दिखावट से मुस्लिम नहीं लगता और उसका चेहरा ऐसा है जो किसी भी भीड़ में आसानी से ग़ुम हो सकता है।

महफ़ूज़

इन तमाम लोगों पर इल्ज़ाम है मुसलमान होने का शाहिद मियाँ। टखने से ऊपर पजामा और घुटनों के नीचे कुरता पहन के सर पे बारह रुपये की टोपी टिकाकर हर जुम्मे भेड़-बकरियों की तरह सड़कों पर नमाज़ पढ़ने से मुसलमान नहीं हो जाते।
(शाहिद महफ़ूज़ की ओर देखने के लिए मुड़ता है। थोड़ा रुककर।)

महफ़ूज़

माँ-बाप बच्चों को अरबी में क़ुरान की आयतें रटवा देते हैं। मतलब मालूम नहीं। मतलब मालूम होता तो ये हाल नहीं होता मुसलमानों का। लड़ के जगह लेते अपनी। और लेंगे इंशाअल्लाह।
(ये सुनकर शाहिद को अच्छा लगता है। उसकी आँखों में रोष है।)

शाहिद

इंशाअल्लाह।

फेड आउट।

बाहर। मदनपुरा मस्जिद—सुबह

अल्लाह-ओ-अकबर : मस्जिद से अज़ान की आवाज़ आ रही है। वाराणसी के मध्यमवर्गीय इलाक़े का एरियल व्यू मस्जिद के लाउडस्पीकर्स पर आकर रुकता है।

एक अन्तिम संस्कार यात्रा वहाँ से गुज़रती है। 'राम नाम सत्य है' की आवाज़ें अज़ान की आवाज़ में घुल जाती है।

V.O.

अल्लाह-ओ-अकबर।

V.O.

राम नाम

लोग

सत्य है।

V.O.

सत्य बोलो।

लोग

सत्य है।

मौलाना

अस्सलामु अलैकुम वरहमतुल्लाह।

अन्दर। मदनपुरा मस्जिद—सुबह

इमाम के पीछे चार लोग फ़ज़र नमाज़ पढ़ रहे हैं। अली मोहम्मद, 65, भूरी दाढ़ी, झुकता है और दुआ में जुड़े हाथों के साथ उठता है। नमाज़ के लिए बिछी चटाई को उठाते हुए उसके बगल वाला आदमी, अहमद *(40 के ऊपर)*, उसे सलाम करता है।

अहमद

अस्सलामु-अलयकुम वकील साहब।
(अली मोहम्मद मुस्कुराता है और सलाम करता है।)

बाहर। वाराणसी की गली—दिन

वाराणसी की पतली गलियों से होते हुए अली मोहम्मद मस्जिद से अपने घर जा रहा है। उसने सफ़ेद कुरता-पजामा के साथ स्पोर्ट्स शूज़ पहन रखे हैं। देखने में अजीब लेकिन उसके चलने के लिए सहज।

बाहर। कन्हैया टी स्टाल—सुबह

सुबह जल्दी उठने वालों के इकट्ठा होने की जगह। उम्र और ओहदे का कोई फ़र्क नहीं। एक रिक्शावाला, एक जॉगर और कुछ आदमी बैठकर सामाजिक-राजनीतिक मुद्दों पर बात कर रहे हैं।

कन्हैया, 30, बर्तन में चाय खौलाता है और बिबिसिया, 12 साल का, सारी खोज-खबर रखने वाला वेटर, पूरी निपुणता से लोगों को चाय और बाक़ी चीज़ें देता है। एक रेडियो पर बॉलीवुड गाने चल रहे हैं। पास के मन्दिर से भजन की आवाज़ आ रही है।

लल्लन पांडे *(लगभग 70, कमज़ोर लेकिन चुस्त)* अजीब तरीक़े से विशाल *(20 से ऊपर)* को देख रहा है जो पान के पत्तों का गट्ठा अपने पिता चौबे *(लगभग 60)* को देता है जो अपनी पान की दुकान पर बैठा है।

चौबे

ये जो चल रहा है न तुम्हारा आजकल। रात-रात भर मोटरसाइकिल लेकर बाहर रहते हो। मजदूर जैसा चुपचाप दुकान पर बैठो वरना छोड़ो घर और निकल जाओ।

विशाल

हमको पान नहीं बेचना है।

चौबे

पान नहीं बेचना है तो क्या सोना बेचना है? बाप है अनार भेड़ और बेटा, के पॉवर हाउस।
(सोनकर (लगभग 60), टी स्टाल पर एक बाल्टी लेकर आता है और पास के नल से उसे भरता है।)

सोनकर

हर हर महादेव चौबे जी।

चौबे

हर हर महादेव। अरे का करते हो सोनकर बाबू।

सोनकर

स्वच्छ भारत करना है ना।

चौबे

(विशाल से)
हट।

विशाल

मम्मी को बता देंगे आप हाथ उठाए हम पे।

चौबे

बेटा मम्मी को मत बताना।
लल्लन सोनकर को देखता है।

लल्लन पांडे

अबे सोनकर, ये चौबे के लौंडे की शक्ल चौबे से ज़्यादा तो तुमसे मिलती है बे।

सोनकर

शकल तो लल्लन बाबू, तुम्हारी भी हमसे मिलती है।
(अली मोहम्मद टी स्टाल पहुँचता है।)

अली मोहम्मद

आज देरी से खोल रहे हो?

लल्लन पांडे

लो भाई वकील साहब भी आ गए।

अली मोहम्मद

ओ छुटकन आ गया मैं। कहिये साहब, राम राम।

लल्लन पांडे

सलाम वकील साहब।
(अली मोहम्मद लल्लन पांडे को होम्योपैथिक दवाई की एक शीशी देता है।)

अली मोहम्मद

वालेकुम...अरे भाई तुम्हारी वो मैं गैस की दवाई ले आया हूँ। अच्छा करना क्या है, इसकी चार गोलियाँ लेनी हैं एक दिन में चार बार।

लल्लन पांडे

चार बार?
(अली मोहम्मद बैठता और अख़बार खोलता है। बिबिसिया उसे चाय पकड़ाता है।)

अली मोहम्मद

समझे क्या चार बार। शाबाश ला भाई।
(रेडियो पर आर.जे. दो गानों के बीच थोड़ी ख़बर भी सुनाता है। ख़बर इंडिया-ऑस्ट्रेलिया क्रिकेट मैच के बारे में है।)

लल्लन पांडे

वकील साहब सौ-सौ की शर्त लगा दी।

अली मोहम्मद

किस बात की?

लल्लन पांडे

ऑस्ट्रेलिया कल इंडिया को लपेट देगी।

अली मोहम्मद

इंडिया हार ही नहीं सकती।
(सोनकर पानी-भरी बाल्टी लेकर जाता है और पानी अपने बरामदे में डाल देता है।)

चौबे

वकील साहब।

अली मोहम्मद

आइए चौबे साहब।

चौबे

शर्त न लगा लीजियेगा इस लल्लन पांडे से। काली ज़बान है इसकी। जिधर जाता है शर्त लगाता है।

बाहर। बदर मंज़िल—सुबह

राशिद (26), टी स्टाल के सामने स्कूटर रोकता है। उसका पिता फ़रहत (60), पीछे बैठा है, ब्रेड का एक चट्टा पकड़े हुए।

राशिद

सलाम वालेकुम।

अली मोहम्मद

कौन है भाई? अरे भाई इतने सारे ब्रेड तुम सुबह-सुबह ले आए फ़रहत।
(फ़रहत कहने की कोशिश करता है लेकिन उसके मुँह में पान है।)

फ़रहत

बोलने तो दो।

अली मोहम्मद

मुँह से पान थूको...बताओ।
(फ़रहत कहता है लेकिन किसी को समझ नहीं आता।)

राशिद

अरे वो कह रहे हैं फूफी ने जल्दी मँगायी है शाही टुकड़े के लिए। खाने वाली शाम को ले आएँगे दावत के पहले गरमागरम।
(राशिद ब्रेड लाकर घर के अन्दर जाता है। एक बड़ा अच्छे से सँभाल कर रखा गया पुश्तैनी घर। मुख्य दरवाज़े के पास वाले पिलर पर सीमेंट में 'बदर मंज़िल—1927' लिखा हुआ है। दरवाज़े पर लकड़ी की नेमप्लेट पर दो नाम लिखे हैं—मुराद अली मुहम्मद और बिलाल मुहम्मद।)

अन्दर। बदर मंज़िल—दिन

एक लम्बे आँगन के दो ओर दो कमरे हैं। एक कोने में स्कूटर खड़ा है। सलीम (52) घर में काम करता है, चूल्हा जलाता है। एक रस्सी पर धुले हुए कपड़े सूख रहे हैं। बाएँ कोने में एक बड़ी रसोई है। उसके सामने से, एक चौड़ी सीढ़ी पहली मंज़िल तक जाती है। 'निगोड़ी निन्दिया न आवे, सतावे' घर में बज रहा है और उस पर आयत (19) एक कमरे में अपना कत्थक का अभ्यास कर रही है, जैसा कि आँगन से देखा जा सकता है। राशिद आता है, सूखते कपड़ों के बीच से रास्ता बनाते हुए। जैसे ही वह आयत को देखता है, उससे सम्मोहित-सा खड़ा रह जाता है। वह भूल जाता है कि वह जल्दी में था। वह भी उसे ख़ुद को देखते हुए देख लेती है, लेकिन अपने अभ्यास में लगी रहती है। सलीम राशिद को देखता है।

राशिद

आयत...आयत...।

सलीम

राशिद मियाँ...रसोई में रख दो ब्रेड।

राशिद

जी...जी...।

(राशिद रसोई की ओर जाता है। आयत अपना अभ्यास रोकती है और एक पुराना अख़बार लेकर उसके पीछे जाती है।)

आयत

अरे राशिद, अख़बार बिछाकर उस पर ठीक से रखियेगा ब्रेड, हाँ।

रसोई में

आयत अख़बार के साथ आती है और उसे बिछाती है।

राशिद

हाँ...तुम्हें एक बात बताएँ?

आयत

जी?

राशिद

तुम जब नाचती हो न, तो कोई और हो जाती हो।

आयत

अच्छा? तो वो कोई और वाली पसन्द है कि ये वाली?

राशिद

(शरारत करते हुए)
पसन्द तो वैसे पड़ोस की तरन्नुम भी है।
वो ध्यान नहीं देती।
(अली मोहम्मद आँगन से आयत को आवाज़ लगाता है।)

अली मोहम्मद

आयत...।

(राशिद बाहर निकल रहा होता है जब आयत अपनी आस्तीन मोड़ती है।)

राशिद

क्या कर रही हो? बड़े फूफू आ गए।
(आयत उसे घूर कर देखती है।)

राशिद

सुनो ना, वो जो बर्थडे पे तुमको दिये थे ना पिंक सूट, वही पहनना शाम को।

आयत

वो तो हम तरन्नुम को दे दिये।

आँगन में

(अपने पति की आवाज़ सुनकर तबस्सुम बेडरूम से बाहर आती है। राशिद तेज़ी से घर से निकलने की कोशिश करता है। तबस्सुम उसे देख लेती है।)

तबस्सुम

अरे राशिद, अम्मी को बोलना शाम को ढोलक लेके आएँगी।

राशिद

जी फूफी।

तबस्सुम

आयत, तेरी अम्मी कहाँ रह गई। अभी न्यौता भेजूँ क्या नीचे आने के लिए?
(तबस्सुम अली मुहम्मद को देखती है, उसकी आदत से परेशान। आयत उसके पास आती है और दूध का बर्तन उससे लेती है।)

तबस्सुम

आ गए आप? घड़ी देखी आपने?

अली मोहम्मद

क्यों? अरे नमाज़ पढ़ के सीधा आ गया।

तबस्सुम

और रास्ते में कन्हैया के वहाँ चाय तो मेरे अब्बा के दामाद पी रहे होंगे।
(सलीम से)
सलीम मियाँ जल्दी करो ना।

अली मोहम्मद

अरे चार दोस्त मिल जाते हैं, एक कप चाय पी लेता हूँ, अख़बार पढ़ लेता हूँ, वो भी बर्दाश्त नहीं है आपको।
(तबस्सुम उसके पास आती है।)

तबस्सुम

बर्दाश्त नहीं होता ना, तो ज़िन्दगी अज़ाब कर देती आपकी।

अली मोहम्मद

इस तरह ना किया करें तबस्सुम बीबी, हम दोबारा निकाह कर लेंगे आप से।

तबस्सुम

पैंसठ के हो जाएँगे कल, निकाह करने चले हैं।

अली मोहम्मद

तो अब क्या करूँ?

तबस्सुम

(ऊपर की ओर ज़ोर से आवाज़ लगाते हुए)
छोटी तबस्सुम।

अन्दर। बिलाल का बेडरूम—दिन

बिलाल (60) और उसकी बीवी छोटी तबस्सुम (52) एक बहस में उलझे हैं। बिलाल की साँसें थोड़ी भारी हैं।

छोटी तबस्सुम

(तबस्सुम से)
आयी भाभी।
(बिलाल से)
आप बस चिड़ियों को खाना खिलाते रह जाइएगा। शाम को दावत है। इतनी सारी तैयारियाँ करनी हैं। इतने गोश्त के पैसे कहाँ से आएँगे?

बिलाल

अरे पैसे की क्या चिन्ता है?

छोटी तबस्सुम

मतलब?

बिलाल

अरे जब पैसे हैं ही नहीं तो चिन्ता किस बात की।
(वह हँसता है। छोटी तबस्सुम को पसन्द नहीं आता।)

तबस्सुम (O.S.)

तुम्हें और बिलाल मियाँ को न्यौता भेजना पड़ेगा तैयारी करने का।

अन्दर। बदर मंज़िल। आँगन—दिन

(छोटी तबस्सुम सीढ़ियों से नीचे आती है।)

छोटी तबस्सुम

जी भाभीजान आ गई। वो मैं लिस्ट बना रही थी।

तबस्सुम

और शाहिद कहाँ है? बत्तियाँ भी तो लगनी हैं।

छोटी तबस्सुम

वो तो सोनकर भइया का टीवी बना रहा था रात-भर। सुबह से ग़ायब है।

तबस्सुम

अच्छा...अच्छा कितने लोग हैं टोटल?

छोटी तबस्सुम

बहत्तर।
(अली मुहम्मद चूल्हे में कोयला ख़ाली करता है। वह हैरानी से उनकी ओर देखता है।)

अली मोहम्मद

बहत्तर नाम हैं इसमें ? अरे इत्ते लोग तो हमारे निकाह में भी नहीं आए थे।
(बिलाल नीचे आता है। उसके और अली मुहम्मद के बीच एक अजीब तनाव-सा है। बाक़ी सब तो ठीक है लेकिन पूरी बातचीत के दौरान दोनों भाई एक दूसरे से सीधे बात नहीं करते।)

बिलाल

अस्सलाम अलयकुम।

अली मोहम्मद

ओफ़्फ़ो यार...कितना मोटा काटा ये।

बिलाल

भाभीजान शाम के लिए गोश्त कितना करवा दूँ ?
(बिलाल स्कूटर के पास जाता है और किक लगाता है। स्कूटर हमेशा की तरह थोड़ा टाइम लेता है।)

अली मोहम्मद

(तबस्सुम से)
तीस किलो बहुत होगा।

छोटी तबस्सुम

भाईजान बच्चे गिने नहीं हैं मैंने, कम ना पड़ जाए कहीं।

तबस्सुम

इनका बनाया तो वैसे भी कम पड़ जाता है हमेशा।

बिलाल

तो चालीस करवा लेते हैं। कम नहीं पड़ना चाहिए।

अली मोहम्मद

(तबस्सुम से)
तीस किलो...ज़ाया भी तो नहीं होना चाहिए ना। तीस किलो बहुत हो जाएगा।

बिलाल

ठीक है...तीस।
(शाहिद दो सूटकेस लिये घर में घुसता है।)

तबस्सुम

तुम कहाँ ग़ायब हो शाहिद सुबह-सुबह?
(हर कोई अचानक शाहिद के पीछे किसी को देखता है। ये आरती है।)

तबस्सुम

बहु?
(आयत तेज़ी से रसोई से बाहर आती है, साथ ही छोटी तबस्सुम भी। आयत आरती के पास जाती है और उससे गले लगती है।)

शाहिद

सलाम वालेकुम।

बिलाल

वालेकुम अस्सलाम।

शाहिद

रात आफ़ताब भाई का फ़ोन आया था। बोले सुबह एयरपोर्ट चले जाना, आरती भाभी आ रही है।

बिलाल

ये कौन चला आ रहा है?
(आरती सब के पैर छूती है और अस्सलाम वालेकुम कहती है।)

तबस्सुम

अरे जीती रहो बेटा। आफ़ताब कहाँ है?

आरती

आफ़ताब तो जर्मनी में है। मैंने अकेले ही प्लान बनाया और आ गई।

बिलाल

अरे बेटा...।

अली मोहम्मद

अरे मैंने जब देखा ना तो दिल चाहा कि तुम्हें इतना डाँटूँ इतना डाँटूँ कि तुम इतनी दूर से क्यों चली आयी पर जब सामने आयी तो माशाल्लाह...।

आरती

आपका पैंसठवाँ जन्मदिन है। कैसे ग़ुस्सा करेंगे आप। आपके लिए गिफ़्ट लेकर आई हूँ।

तबस्सुम

और मेरे लिए?

आरती

आपके लिए परफ़्यूम लेकर आयी हूँ। शाम को ज़रूर लगाना।
(ये कहते हुए वह छोटी तबस्सुम के पैर छू रही है। कुछ है जो वे दोनों जानती हैं, जो कोई और नहीं जानता।)

आरती

सलाम वालेकुम।

छोटी तबस्सुम

वालेकुम अस्सलाम।

आरती

आपका वेट बहुत कम लग रहा है।

बिलाल

अरे हमारा भी तो कम हुआ है।

आरती

हाँ जी। आपके बाल जो झड़ गए हैं।

बिलाल

देखिए देखिए।

छोटी तबस्सुम

(आयत से)
जाओ जल्दी से चाय लेकर आओ।

बिलाल

अरे तीन कर लेना चाय।

तबस्सुम

क्या तीन? गोश्त कौन लाएगा? रात को सब लोग भूखे रह जाएँगे। जाइए जाइए।

बिलाल

हाँ हाँ गोश्त। चालीस ना?

अली मोहम्मद

तीस।

बिलाल

हाँ हाँ तीस।
(बिलाल स्कूटर स्टार्ट करता है। अपने हाथों में कुछ पैसे दबाए तबस्सुम चुपचाप बिलाल के पास जाती है।)

तबस्सुम

ये लीजिए। रख लीजिए।
(अली मुहम्मद का ध्यान इस ओर जाता है। बिलाल निकल जाता है।)

बाहर। वाराणसी की गलियाँ—दिन

बिलाल घर से बाहर निकल जाता है। स्कूल के कपड़ों में तीन बच्चे सवारी के लिए पूछते हैं।

बच्चे

बिलाल चाचा...।

लड़का

बिलाल चाचा आगे नुक्कड़ पे छोड़ दो ना, स्कूल जाना है।

बिलाल

हाँ हाँ पढ़ते तो हो नहीं, स्कूल जाकर क्या करोगे?
(बिलाल देखता है कि चौबे दुकान पर बैठा नोट गिन रहा है।)

बिलाल

गिन लो, गिन लो चाचा। ये भी बन्द होने वाले हैं।

अन्दर। बदर मंज़िल—दिन। बिलाल का कमरा।

(आरती और छोटी तबस्सुम बात कर रहे हैं।)

आरती

छोटी अम्मी, इतना भगाओगी तो मेरा भी वेट कम हो जाएगा।

छोटी तबस्सुम

ये क्या सुन रही हूँ?

आरती

क्या सुन रही हो छोटी अम्मी?

छोटी तबस्सुम

आफ़ताब का फ़ोन आया था।

आरती

वही...वही बताने आप सबको यहाँ आई हूँ मैं। आफ़ताब और मैं एक-दो महीने के लिए अलग रहने का सोच रहे हैं।

आँगन में

अली मुहम्मद और तबस्सुम एक दूसरे को देखते हैं। इतने अच्छे माहौल से तबस्सुम ख़ुश है। शाहिद आरती का बैग रखने के लिए एक कमरे में गया है। आँगन में अब सिर्फ़ अली मुहम्मद और तबस्सुम हैं।

तबस्सुम

मरते-मरते भी अदा नहीं कर पाएँगे हमें जो मिला इस घर से। मायके में तो देख नहीं सके कुछ, पर आपने सब पूरा कर दिया। बस एक बात रह गई। जब हम निकाह करके आए थे तो अम्मीजान बोलती थीं कि दोनों भाई साथ रहें ये तुम्हारी जिम्मेदारी है। निभा नहीं पाई मैं।

अली मोहम्मद

हाँ...साथ ही हैं दोनों।

तबस्सुम

बात तो करते नहीं आपस में, इसे साथ कहते हैं आप?

अली मोहम्मद

अब छोड़ो...ये लो पैसे। कुछ लगेंगे रात की दावत के लिए।
(तबस्सुम नहीं लेती।)

अली मोहम्मद

लो ना...अच्छा रख लो।
(बिलाल का कमरा। आरती और छोटी तबस्सुम दोनों बैठे हैं।)

आरती

छोटी अम्मी बच्चे पसन्द हैं मुझे। ऐसी बात नहीं है। अम्मी भी कहती रहती हैं बच्चे...।

छोटी तबस्सुम

तो फिर?

आरती

उन्हें बच्चों का धर्म पैदा होने से पहले तय करना है।

छोटी तबस्सुम

आरती, बच्चे जिस मज़हब में पैदा होते हैं उसी मज़हब के होते हैं ना?

आरती

किस मज़हब में पैदा होंगे बच्चे छोटी अम्मी? मुझे याद है जब मेरी शादी हुई थी ना, उसने मेरा धर्म पूछा था ना, आप में से किसी ने। उस समय इंसान से शादी हुई थी ना, किसी मज़हब से थोड़ी। तो अब बच्चे पैदा होने से पहले उनका मज़हब तय होने की शर्त क्यों?
(तभी शाहिद अन्दर आता है। रंग-बिरंगी लाइट्स लिये।)

शाहिद

अम्मी, थोड़ा आराम तो करने देती भाभीजान को। अच्छा भाभीजान, बताओ ये लाइटें कहाँ लगवानी हैं? अम्मी कह रही थीं पेड़ों पे भी लगानी हैं।

आरती

आओ चलो लगाते हैं लाइटें पेड़ों पे...सब जगह...अब तो महफ़िल सजेगी।

अन्दर। बदर मंज़िल—रात

ढोलक पर औरतों द्वारा समूह में गाए जाने वाले गाने और बच्चों और औरतों द्वारा साथ-साथ लोगों को नाश्ता दिये जाने के मोंटाज। तबस्सुम बिलाल को गाना गाने के लिए कहती है। सारे मेहमान उसके आसपास इकट्ठा हो जाते हैं, उसे गाना गाने के लिए कहते हैं। शुरुआती ना-नुकुर के बाद, वो मान जाता है।
कुछ बच्चे और परिवार के लोग इस पर डांस करते हैं और कुछ बुजुर्गों को भी खींच लेते हैं। शाहिद एक कोने में बैठा यह सब देख रहा है। वह कहीं खोया हुआ है। चौबे शाहिद को ढूँढ़ रहा है और उसे कुछ इशारा करता है।

दूसरे कोने में, अली मुहम्मद एक बड़े बर्तन में मटन बना रहा है और चौबे, सोनकर और लल्लन पांडे उसके पास खड़े हैं। सोनकर बर्तन के पास जाता है, खुशबू सूँघने के लिए।

अली मोहम्मद

अरे सोनकर सूँघिए मत भाई। नज़र लगती है। कोरमा बिगड़ जाएगा।

सोनकर

अली भाई, बड़ी लाजवाब खुशबू आ रही है।
(लल्लन औरतों के एक समूह को देखता है, उनमें से एक को ख़ास।)

लल्लन पांडे

अबे एक बात बताओ ये जो श्रीवास्तव की बहू है, ये क्रिस्चियन है क्या बे?

अली मोहम्मद

(शाहिद से)
कहाँ चले?

शाहिद

चौबे अंकल को कबाब चाहिए।

अली मोहम्मद

सुनो भाई सुनो, चौबे कबाब खा रहा है।
(बिलाल खाने के लिए टेबल वगैरह तैयार कर रहा है। अली मुहम्मद खाना तैयार कर रहा है। आरती कोरस के साथ नाचते हुए।)

आरती

सैंयाँ ने प्यार माँगा, दिल का क़रार माँगा, सौतन को नकदी दी, मुझसे उधार माँगा। चोर की दाढ़ी थी, दाढ़ी में तिनका था, सैंयाँ बेदर्दी तो घोड़े का हिनका था, पकड़ी कलाई थी, अँखियाँ दबायी थी, सैंयाँ मियाँ हमरे लगते थे बैंगे से बैंगे से बैंगे बैंगे बैंगे से, मैं बोली ठेंगे से।

अली मोहम्मद

कोरमा तैयार है सबको खिला दो।

तबस्सुम

अरे बिमला चाची, आप कुछ खा ही नहीं रही हैं।
(बिमला चाची असमंजस में है।)

तबस्सुम

अरे क्या? ना ना...आपके लिए ख़ास वेजिटेरियन बना है। छोटी...लो आ गया।
(आयत तेज़ी से एक प्लेट लिये आ रही है। वह थोड़ी दूर खड़े राशिद को देखती है। वह मेहमानों को पानी दे रहा है। वह एकदम रुक जाता है, दोनों की आँखें मिलती हैं। वह बहुत सुन्दर लग रही है। जैसे ही आयत वहाँ से जाती है, बिमला चाची अपने पास बैठी औरत को कबाब देती है। वह मना कर देती है।)

बिमला चाची की दोस्त

नाचने-गाने तक ठीक है, हम खाते नहीं इन लोगों के यहाँ।
(तबस्सुम कोरस के साथ बैठकर गाने लगती है।)

तबस्सुम

सैंया ने हाथ माँगा, दो पल का साथ माँगा, हम थोड़े शर्माए कुछ ऐसा रात माँगा, देखने में भोले थे पर मन के डोले थे, थे मुग़ले-आज़म वो तो हम भी शोले थे, उन्ने जो छेड़ा था हमने खदेड़ा था, चिपकी थी उनकी नज़रें हमरे लहँगे से लहँगे से लहँगे लहँगे से, मैं बोली ठेंगे से।
(बिलाल आरती को देखता है। वो एक बड़े बर्तन से कोरमा निकाल रही है।)

बिलाल

बेटा, एक डोंगा अली भाई के लिए अलग निकाल लेना नहीं तो उनके लिए कुछ बचेगा नहीं।
(आरती हाँ में मुस्कुराती है।)

आरती

निकाल लिया। एक उनके लिए और एक अपने लिए।
(आयत दौड़ती हुई आती है मोबाइल लेकर।)

आयत

रूही फूफी...।
(मोबाइल बिलाल को देकर चली जाती है। बिलाल .फ़ोन पर बात करते हुए निकल जाता है। छोटी तबस्सुम इधर से उधर कई सारे काम करती हुई तेज़ी से। .फ़रहत थोड़ा-सा कबाब उसे खिलाता है। तबस्सुम उसे शरारती नज़रों से देखती है। .फ़रहत उसे भी थोड़ा खिलाता है। लोग बिलाल को खींच लेते हैं।)

बिलाल

बेगम से हमने जो थोड़ा प्यार माँगा, बदले में बेगम ने मीना बाज़ार माँगा, सोने का बाला हो मोतियन की माला हो, हीरे की झुलनी हो चाँदी का झाला हो, तारे दुपट्टे पे, सब कुछ था बट्टे पे, यूँ शौक़ बेगम को लागे थे महँगे से महँगे से महँगे महँगे महँगे से। मैं बोला ठेंगे से।
(बिलाल के जाने के बाद शाहिद कोरमा लेने आता है। आरती वहीं है।)

शाहिद

आफ़ताब भाई बहुत दुखी थे .फ़ोन पे।

आरती

और मैं दुखी नहीं हूँ?

शाहिद

पर भाभीजान बच्चे तो...।

आरती

(उसकी बात काटते हुए)
बाद में बात करें? मैच से आ जाओगे फिर बात करेंगे। तब तक मैं अम्मी से बात नहीं करूँगी। प्रॉमिस।
(दोनों एक दूसरे को देखते हैं और एक दूसरे से सहमत होते हैं। आरती बर्तन में कोरमा डालती है। तभी अली मुहम्मद वहाँ आता है, उससे बर्तन लेता है, उसे आँख मारता है और चौबे की तर.फ़ जाता है।)

अली मोहम्मद

अरे ज़रा मज़ा चखाएँ चौबे को। डोंगा दे मुझे कोरमा का।

शाहिद

अरे बड़े अब्बू...।

अली मोहम्मद

अरे चुप रहो।

आरती

अब्बू...।
(चौबे अली मुहम्मद को कोरमा लेकर अपनी ओर आते देखता है। वो समझ जाता है और अली मुहम्मद को इशारा करता है कि उसे कोरमा पेश न करे।)

अली मोहम्मद

चौबे साहब, गरमागरम कोरमा नोश फरमाइए।

मिसेज़ चौबे

(मुस्कुराते हुए)
अरे नहीं भाईसाहब, हम लोग तो वेजिटेरियन हैं।

चौबे

शाकाहारी।

अली मोहम्मद

अच्छा। तो करेले और भिंडी की सब्ज़ी बनी है। आप वो खाइएगा।

मिसेज़ चौबे

जी।
(अली मोहम्मद मुस्कुराते हुए निकल जाता है। आयत और आरती दूर से ये सब देखकर हँस रही हैं। चौबे की साँस में साँस आती है। डॉक्टर रिज़वान बिलाल की ओर देखता है।)

डॉक्टर रिज़वान

मैं देख रहा हूँ आपको, आधा किलो गोश्त खाने के पहले खा चुके हैं आप बिलाल भाई।

बिलाल

अबे रिज़वान यार, दावत पे तो डॉक्टरी मत करो।

डॉक्टर रिज़वान

तबियत ठीक नहीं है आपकी, खाना है तो चिकन खाइए ना, रेड मीट।

बिलाल

मुसलमान आदमी मुर्गी खाता अच्छा लगता है क्या?

बाहर। वाराणसी की गलियाँ—रात

स्कूटर शहर की गलियों से आगे निकला जाता है। बिलाल स्कूटर चला रहा है, शाहिद पीछे बैठा है। दोनों चुप हैं। एक बड़े मोबाइल फ़ोन के शोरूम के पास से गुज़रते हुए बिलाल बहुत हसरतों से उसे देखता है।

बिलाल

एक दिन इतना बड़ा शोरूम बनाना है अपना।

शाहिद

बस अब्बू यहीं तिमुहानी पे मिलेंगे सब दोस्त।

बिलाल

यहाँ कहाँ बेटा?

शाहिद

जी अब्बू। दोस्त बायपास से आ रहा है। बस यहीं से गाड़ी पकड़नी है। *(बिलाल स्कूटर रोकता है। शाहिद उतरता है।)*

बिलाल

अच्छा चलो...ख़याल रखना अपना। ख़ुदा हाफ़िज़।
(बिलाल उसके बालों में हाथ फेरता है।)

शाहिद

ख़ुदा हाफ़िज़।
(बिलाल मुड़ता है और चला जाता है।)

अन्दर। बदर मंज़िल—रात

घर में अभी भी रंग-बिरंगी लाइट्स जगमगा रही हैं लेकिन अब शान्ति है। मेहमान चले गए हैं। आयत रसोई से बाहर निकलकर सीढ़ियों से ऊपर जाती है।

अन्दर। बदर मंज़िल—रात

पूरा परिवार छोटी तबस्सुम के कमरे के बाहर टेरेस पर साथ बैठा है। दोनों तबस्सुम बेड पर, अली मुहम्मद और फ़रहत कुर्सियों पर और राशिद, आरती और सलीम ज़मीन पर। आयत आरती के पास आकर बैठती है। घरेलू बातों का दौर। आयत एक कप में कॉफ़ी फेंट रही है।

तबस्सुम

फिर जब बिलाल भाई के लिए लड़की देखने गए हम लोग, तो फ़रहत मियाँ तो सब से आगे।
(सब फ़रहत की तरफ़ देखते हैं।)

अली मोहम्मद

अरे भाई, इनकी बेगम बिलाल ने अप्रूव की थी तो इनको भी तो बदला लेना था।

तबस्सुम

जब इसके घर पहुँचे, लड़की देखी, तो माशाअल्लाह बड़ी ख़ूबसूरत।
(छोटी तबस्सुम अपना सिर तबस्सुम के कन्धे पर रख देती है और तबस्सुम उसके सिर अपर हाथ फिराती है। राशिद चुपके से आयत की तरफ़ देखता है।)

तबस्सुम

हमने पूछा कि नाम क्या है तुम्हारा। भई लड़की से बात-चीत करते हैं ना कि आवाज़ कैसी है, तोतली तो नहीं है, हकलाती तो नहीं है। तो हमने कहा कि भई नाम क्या है तुम्हारा तो ये बोलती है...।
(तबस्सुम हँसने लगती है।)

आयत

फिर क्या हुआ बड़ी अम्मी, बताइए ना?

तबस्सुम

ज़रा हँसी तो रुकने दे...ये बोलती है 'तबस्सुम'।

अली मोहम्मद

दो-दो तबस्सुम घर में।

तबस्सुम

हमने तो माथा पेल लिया। फिर हमने कहा ऐसा करते हैं, हम बड़ी तबस्सुम और तुम छोटी तबस्सुम।
(सबके चेहरों पर मुस्कराहट है। आयत और राशिद चुपके से एक दूसरे को लगातार देख रहे हैं। तबस्सुम आरती को देखती है।)

तबस्सुम

और ये, इनको मिली तो लगा कि आफ़ताब को हमसे ज़्यादा कोई प्यार कर सकता है तो सिर्फ़ आरती। फिर कोई सवाल भी नहीं पूछा हमने। अरे इधर आ। ठीक से गले भी नहीं लगी अब तक।
(आरती शायद उससे गले लगने के लिए आतुर थी। वह उससे गले लगने के लिए उसके पास जाती है। छोटी तबस्सुम और आरती प्यार से एक दूसरे को देखती रहती हैं और तबस्सुम स्नेह से आरती को गले लगाती है।)

तबस्सुम

अरे बना भी लो कॉफ़ी, और फेंटोगी तो कॉफ़ी का पेड़ निकल आएगा कप में से।
(सब ज़ोर से हँस पड़ते हैं।)

आयत

जी बनाती हूँ।

तबस्सुम

बना, जा।

बाहर। बस—रात

एक बस दृश्य से आगे निकलती है। विंडशील्ड पर लगी प्लेट पर लिखा है—'वाराणसी-इलाहाबाद'।

अन्दर। बस—रात

एकदम भीड़-भाड़ में शाहिद बैठा है। उसका बैग उसके पैरों के बीच सावधानी से रखा है। शाहिद बाक़ी लोगों को देखता है। ज़्यादातर सो चुके हैं।

बाहर। बस—रात

ब्लास्ट होता है।

अन्दर/बाहर। बस—रात

अन्दर लाशें पड़ी हैं। लोगों के रोने की आवाज़।

औरत

मेरा बेटा...मेरा बेटा...।

अन्दर। बदर मंज़िल—दिन

अली मुहम्मद आँगन में आता है। आरती और आयत एक दुपट्टा सुखा रहे हैं। अली मुहम्मद दूध लेकर आता है आरती को दिखाने के लिए।

आरती

वैसे आजकल इशारा बहुत कर रही हो तुम?

अली मोहम्मद

आरती बेटा...तुमसे एक काम था।

आरती

हाँ जी बोलिए...।

अली मोहम्मद

ये ज़रा दूध सूँघो तो सही...इसे कहते हैं फ्रेश मिल्क। तुम लोगों की तरह नहीं जहाँ प्लास्टिक के डब्बे में दूध मिलता है। और फिर कहते हो लंदन आओ, वहाँ की लाइफ़ अच्छी है।

आरती

हाँ तो अब्बू दूध यहाँ से मँगवा लेंगे ना।

अन्दर। शाहिद इलेक्ट्रॉनिक्स—दिन

अफ़ज़ल मियाँ, (68) कई सारे काग़ज़ों के ढेर में कुछ ढूँढ़ रहे हैं। वह उन्हें अलग करके तीन अलग ढेर बना रहे हैं। बिलाल के मुँह में पान है।

बिलाल

अबे ईद पर कराएँगे नया पेंट और फिर लगाएँगे नया बोर्ड, सबको बताना अपोज़िट शाहिद इलेक्ट्रॉनिक्स।

आदमी

अरे बिलाल भाई, मेरा 4G का करा दो।

बिलाल

अरे बहुत मरे जा रहे हो...4G...4G...6G आ रहा है बे।

आदमी

अरे बिलाल भाई।
(अफ़ज़ल टीवी पर कुछ देखता है। वो बिलाल को आवाज़ लगाता है।)

अफ़ज़ल

बिलाल भाई।
(दोनों टीवी पर देखते हैं।)

बाहर। इलाहाबाद बस अड्डा—दिन—टीवी पर

एक न्यूज़ चैनल इलाहाबाद में एक आतंकवादी हमले के बारे में बताता है। इलाहाबाद सिटी बस अड्डे पर बम ब्लास्ट हुआ है।
एक पुलिस वाला पत्रकारों से बात करता है। टीवी स्क्रीन का बाक़ी आधा हिस्सा ब्लास्ट की वजह से हुई तबाही दिखाता है।

पत्रकार

सर इस आतंकवादी घटना के बारे में आपका क्या ख़याल है...बहुत लोग हताहत हो गए।

एस.पी. शर्मा

बस बनारस से आई थी। धमाके में आरडीएक्स का इस्तेमाल किया गया है। कम से कम दस लोग मारे गए हैं।

पत्रकार

सर...आगे की कार्रवाही...।

अन्दर। बदर मंज़िल—दिन

टीवी पर सीधा प्रसारण : क्रिकेट मैच चल रहा है। एक भारतीय बल्लेबाज़ बॉल को सीमा–रेखा के पार मार देता है।

कमरे में

आयत और आरती टीवी पर क्रिकेट देख रहे हैं। एक भारतीय बल्लेबाज़ छक्का मारता है। स्टेडियम शोर से गूँज उठता है।
तभी आयत ज़ोर से आवाज़ लगाती है।

आयत

अम्मी...अम्मी...भाईजान...भाईजान...।

छोटी तबस्सुम

आयी।
(दोनों तबस्सुम अपने काम बीच में छोड़कर आती हैं।)

छोटी तबस्सुम

कहाँ है?

आरती

देखो देखो...थोड़ा ऊपर...हाँ राइट साइड पे...अरे वो देखो न सेकंड रो...।

आयत

अभी–अभी उसने हाथ भी हिलाया ना।

तबस्सुम

अरे नहीं दिख रहा।
आयत और आरती हँसते हैं, हाई–फ़ाइव देते हैं एक दूसरे को। उन्होंने बेवकूफ़ बनाया उन्हें।

छोटी तबस्सुम

बेटी तो बेटी, बहू भी...।

तबस्सुम

बदमाश कहीं की...कोई नहीं है यहाँ।

बाहर। चौबे का घर—दिन

जैसे ही चौबे अपने घर में घुसता है (अपनी दुकान के ऊपर), वो विशाल की मोटरसाइकिल पर एक रंग-बिरंगा झंडा लगा देखता है। उसे ध्यान से देखता है। सोनकर भी यहीं है।

सोनकर

ए चौबे...छक्का पड़ गया...छक्का...।

चौबे

कितना हुआ बे...।

सोनकर

चौवालीस...।

चौबे

हारेंगे।

सोनकर

शर्त लगा लो।

चौबे

तुमसे कभी ना लगानी।

सोनकर

अरे क्या हुआ?

चौबे

(विशाल से)
ये कौन चीज का झंडा लगाए हो मोटरसाइकल पे?

विशाल

पार्टी का है।

चौबे

अरे ये सब बे-फाल्तू का काम छोड़ो। दुकान पे बैठो, चार पैसा कमाओ हाथ बँटाओ।

विशाल

ऐ पापा, पैसा तो हर आदमी कमा लेता है। धर्म और देस के लिए काम करने का सौभाग्य बहुत कम लोगों को मिलता है। टीवी देखिए, हमारे देस में हमीं को मार रहा है सब और आप दावत करते हैं उनके घर जा के।
(एक छद्म आत्मविश्वास विशाल के चेहरे पर आता है। वह अपनी मोटरसाइकिल निकालता है और जो उसने कहा, उसके साथ चौबे को छोड़ जाता है।)

अन्दर/बाहर। इलाहाबाद बस अड्डा—दिन

लोगों का सामान और खून इधर-उधर बिखरा पड़ा है। लोग लाशों को वहाँ से उठा रहे हैं : हिन्दू, मुस्लिम, बूढ़े, बच्चे। एक भयानक दृश्य। पुलिस वालों ने जगह को घेर रखा है। घायलों को अस्पताल ले जाने के लिए एम्बुलेंस लाइन से खड़ी हैं। एस.पी. शर्मा अपने आदमियों को समझाता है।

एस.पी. शर्मा

पिछले एक घंटे में जितनी प्राइवेट गाड़ियाँ इस सड़क पे थीं, सीसीटीवी पे देख के सबका डिटेल मँगवाइए। और वहाँ से जो फूलपुर की जीपें निकलती हैं, ब्लास्ट के बाद कितनी निकली हैं पता कीजिए। प्लीज़ गो फ़ास्ट।

पत्रकार

सर आतंकवादी को पहचाना...।

अन्दर। शाहिद इलेक्ट्रॉनिक्स—दिन

अफज़ल पेपर्स में कुछ ढूँढ़ रहा है और बिलाल न्यूज़ देख रहा है।

अफज़ल

बिलाल भाई, पिछले महीने साढ़े तीन सौ सिम लिये थे हमने। चौहत्तर अभी स्टॉक में हैं, मतलब दो सौ छिहत्तर चले गए।

बिलाल

पैसे आ गए ना?

अफज़ल

अरे मैं पैसों की बात नहीं कर रहा। दो सौ बासठ की रसीदें हैं, चौदह की नहीं। ऐसा कैसे हुआ बिलाल भाई, मैंने तो बिना रसीद दिया नहीं कोई सिम।

बिलाल

अफ़ज़ल मियाँ...आप कुछ कर लीजिए ना...आप तो तजुर्बेकार हैं।

बाहर। इलाहाबाद बस अड्डा—दिन

एक सब-इंस्पेक्टर एस.पी. शर्मा के पास आता है जो फ़ोन पर बात कर रहा है।

एस.पी. शर्मा

अस्पताल में अपने आदमी को ले जाइए। देखिए वहाँ किसी को होश आ गया या आने वाला है। उनसे पता करिए उन्होंने किसी सन्दिग्ध आदमी को देखा है।

एस.आई

सर हमने तीन चेहरे सीसीटीवी कैमरे में देखे हैं। जो वौइस हमने सैंपल के लिए भेजे थे, सर हमें डाउट है कि ये वौइस महफ़ूज़ आलम की है।

एस.पी. शर्मा

आइए।

बाहर। मुस्लिम लोकेलिटी—दिन

बिलाल एक बहुत भरी हुई गली से अपना स्कूटर ले जाता है और फिर अपना स्कूटर और पतली गली के बाहर खड़ा करता है। ये गली एक स्कूटर के लिहाज़ से भी बहुत भीड़भाड़ वाली है। बिलाल थोड़ा इधर-उधर देखता है और गली में घुस जाता है। ऐसा लगता है जैसे वह नहीं चाहता कि कोई उसे यहाँ देखे। अन्दर एक मस्जिद के पास एक छोटा-सा होटल है—'अमीर निशान'। बिलाल अन्दर जाता है।

अन्दर। बदर मंज़िल—दिन

पूरा परिवार दोपहर के खाने की तैयारी कर रहा है। आयत रसोई से खाना ला रही है। उसके रास्ते में टीवी रूम है। टीवी पर अब भी इलाहाबाद की घटना के बारे में बता रहे हैं। जितनी बार भी वह वहाँ से निकलती है, टीवी पर नज़र डालती है।

अली मोहम्मद

तौबा-तौबा...ख़ुदा जाने कौन-सा जिहाद है ये। मतलब भी जानते हैं ये लोग जिहाद का।

आरती

जिहाद मीन्स वॉर ना अब्बू?

अली मोहम्मद

हुह...जिहाद यानि स्ट्रगल...स्ट्रगल अपनी किसी बुरी आदत के ख़िलाफ़...स्ट्रगल नाइंसाफ़ी के ख़िलाफ़...देट इज़ जिहाद।

तबस्सुम

छोटी मैचिंग प्लेट मँगवा लो ना...अच्छा नहीं लगता रोज़-रोज़। फिर साथ में एक स्टील की प्लेट डालनी पड़ती है।
(अचानक आयत चिल्लाती है और सब तेज़ी से उसके पास जाते हैं। उसकी आँखें टीवी पर गड़ी हैं। बिलाल अभी घर में घुसा है। वह भी उस तरफ़ दौड़ता है।)

आयत

बड़े अब्बू...अम्मी...।

अली मोहम्मद

क्या हुआ?

आयत

बड़े अब्बू...।

अली मोहम्मद

अरे भाई क्या हुआ?

तबस्सुम

आयी...आयी...।

आयत

वो...वो भाईजान...।

तबस्सुम

क्या बोल रही है तू?

आयत

देखो...देखो...।

पत्रकार (टीवी पर)

इलाहाबाद पुलिस ने तीन आतंकवादियों के फ़ोटोज़ जारी किये हैं। इनके बारे में और इनफ़ार्मेशन इकट्ठी की जा रही है। आइए बात करते हैं एस.पी. शर्मा से।

तबस्सुम

ज़रा आवाज़ करो।

एस.पी. शर्मा (टीवी पर)

देखिए ये तीनों आतंकवादी आज सुबह ही इलाहाबाद में आए थे और इस वारदात को अंजाम दे के फ़ौरन यहाँ से निकल गए। इन्वेस्टीगेशन चल रही है। जैसे-जैसे ख़बर होगी हम आपको बताते रहेंगे। थैंक यू।

अली मोहम्मद

मोबाइल दे...मोबाइल दे...।

आरती

हाँ जी।

(सीसीटीवी से ली गई फ़ोटो शाहिद के साथ दो और आतंकवादियों, अमज़द और ज़की के साथ दिखती है। पूरा परिवार सदमे में है। छोटी तबस्सुम को यक़ीन नहीं हो रहा।

बिलाल के पास एक फ़ोन आता है और वह एक तरफ़ चला जाता है। कोई जो उसे जानता है, उसने इसी बात के लिए उसे फ़ोन किया है।)

बाहर। बदर मंज़िल—दिन

(पान की दुकान पर सोनकर चौबे के पास आता है।)

सोनकर

अरे चौबे, इधर आओ भाई।

चौबे

क्या हुआ ?

सोनकर

अरे आओ तो।

(सोनकर की आवाज़ में जो जल्दबाज़ी है, चौबे का ध्यान उस पर जाता है। वह उसके पीछे उसकी दुकान में जाता है। टीवी पर वही न्यूज़ आ रही है।)

सोनकर

ये शाहिद नहीं है चौबे?

चौबे

हाँ है तो वही।

सोनकर

पर ये तो कानपुर गया था मैच देखने। वकील साहब को पता नहीं मालूम है कि नहीं अभी।

चौबे

सोनकरजी, टीवी पे आ रहा है। पूरे बनारस को दिखाई दे रहा होगा। पुलिस को बता देना चाहिए।

सोनकर

क्या बात कर रहे हो? मोहल्ले की बात है।

(चौबे टीवी पर वो भयानक दृश्य देख रहा है।)

चौबे

मोहल्ले का नहीं, पूरे देश का मामला है।

सोनकर

चौबे...।

चौबे

सोलह लोग मर गए। बेटा ठीक कहता है हमारा।

(बदर मंज़िल के दरवाज़े की ओर देखता है।)

अन्दर/बाहर। चलती हुई जीप—दिन

शाहिद, अमज़द और ज़की एक बहुत भरी हुई जीप में जा रहे हैं।

शाहिद

अरे भाई सुनो, रोकना एक मिनट, हम उतरेंगे यहाँ।
जीप रुकती है। अमज़द और ज़की, शाहिद को सन्देह-भरी नज़रों से देखते हैं।

शाहिद

चलो राम-राम भैया।
(उनके कुछ बोलने से पहले ही जीप चल पड़ती है। शाहिद चलने लगता है और महफ़ूज़ आलम को फ़ोन करता है।)

शाहिद

जीप छोड़ दी मैंने।

महफ़ूज़

भदोही के लिए रवाना हो जाओ शाहिद मियाँ। दो-चार दिन ठंडे में बैठो उधर। बहुत बड़ा काम किया है तुमने। अल्लाह देख रहा है।

शाहिद

शुक्रिया आलम भाई।

अन्दर। बदर मंज़िल—दिन

आँगन में, आरती दौड़ती हुई अली मोहम्मद के पास आती है उसका फ़ोन लेकर। आरती उसे फ़ोन देती है। दोनों एक दूसरे को देखते हैं।
अली मोहम्मद नम्बर मिलाता है लेकिन नम्बर स्विच ऑफ़ आता है।

अन्दर। बस—दिन

शाहिद ने अब एक बेसबॉल कैप पहन रखी है और वह खिड़की से बाहर देख रहा है। बस तेज़ी से जा रही है।

बाहर। लोकल पुलिस स्टेशन—दिन

अली मोहम्मद पुलिस स्टेशन के बाहर अपनी गाड़ी रोकता है और अन्दर जाता है। यहाँ अभी बहुत शान्ति है।

अन्दर। लोकल पुलिस स्टेशन—दिन

अली मोहम्मद अन्दर पहुँचता है तो देखता है कि सारे पुलिस वाले एस.आई. के कमरे के दरवाज़े पर इकट्ठा हैं। वे सब उसके कमरे में टीवी देख रहे हैं। अली मोहम्मद किसी तरह अन्दर जाता है और वे उसे जाने देते हैं।

कमरे के अन्दर, एस.आई. यादव और चौबे टीवी पर न्यूज़ देख रहे हैं। एस.आई. यादव अली मोहम्मद को देखता है।

पत्रकार (टीवी पर)

अभी-अभी ख़बर आयी है कि इलाहाबाद से फूलपुर जाते एक टेम्पो में सवार दो युवाओं ने पुलिस पर गोली चलाई और भाग निकले।

यादव

ये क्या है वकील साहब ?
(चौबे उसे देखने के मुड़ता है लेकिन अनदेखा कर देता है।)

अली मोहम्मद

जी यादव जी, इसीलिए मैं आया। नाम तो नहीं बोला पर हम लोगों को शक हो रहा था कि...।

चौबे

अभी भी शक ही हो रहा है आप को?

अली मोहम्मद

चौबे?

चौबे

क्या चौबे, वकील साहब? क्या चौबे? क्या नहीं मिलता है आप लोगों को यहाँ पे? हम लोग बोले थे कि यहाँ रुकिए? चले गए होते पाकिस्तान। और गोली-बन्दूक़ से लड़ना है तो लड़िये ना फ़ौज से। क्या साला चोर की तरह मासूम लोगों को मारते हैं आप लोग? हम लोग दिन-रात भाईजान-भाईजान, सलामवालेकुम-सलामवालेकुम, क्या सलामवालेकुम, थू है यार। चालीस साल हो गए। साथ हैं। आप हमारी जगह होते तो कैसा लगता। सोचकर देखो।

यादव

चौबे जी।

पत्रकार (टीवी पर)

एक ब्रेकिंग न्यूज़ आ रही है। इलाहाबाद के पास हनुमानगंज के बस अड्डे से ख़बर आ रही है कि दस से ज़्यादा लोगों की मौत हो चुकी है और बीस से ज़्यादा लोग घायल हो चुके हैं। पुलिस सूत्रों का कहना है कि ये एक आतंकवादी हमला है। जिन तीन आतंकवादियों ने इन तीन घटनाओं को अंजाम दिया उनमें से दो को पुलिस ने भदोही के पास एनकाउंटर में मार गिराया। उनमें से एक का नाम शाहिद था जो कि अब भी फ़रार है। वो बनारस का रहने वाला है और पुलिस उसके ठिकाने की तलाश कर रही है।

बाहर। भदोही की गलियाँ—दिन

तीन पुलिस जीप भदोही की गलियों में घुसती हैं। वे थोड़े ज़्यादा ट्रैफिक वाले इलाक़े से गुज़रते हैं तो आगे वाली जीप सायरन चालू कर देती है। एसएसपी

दानिश जावेद (लगभग 50) जो आख़िरी जीप में बैठा है, अपना रेडियो उठाता है।

दानिश जावेद

सायरन बन्द कर। प्राइम मिनिस्टर लगा है तू? बोला न चुपचाप जाना है।

बाहर। भदोही—दिन

तीस-चालीस हथियारबन्द पुलिसवाले एक घर से निश्चित दूरी बनाए हुए हैं। दानिश जावेद फ़ोन पर है।

दानिश जावेद

ब्रेकफ़ास्ट कर रहे हैं? कहिएगा एसएसपी दानिश जावेद का फ़ोन था। (दानिश अपने आदमियों के साथ जगह पर पहुँचता है। ऑफ़िसर्स उसके पास आते हैं। दानिश बाहर निकलता है और बुलेट प्रूफ़ जैकेट पहनता है।)

ऑफ़िसर

सर हम लोगों ने दूरी बना के रखी है। चारों तरफ़ से सब फील्डिंग लगा दी है। सर वहाँ पे...।

दानिश जावेद

आके बिलों में घुस जाते हैं साले, एक-एक गली में सौ-सौ घर और हर घर में बच्चे ही बच्चे, सम्भलते हैं नहीं।

ऑफ़िसर

इन लोगों का ऐसा ही है सर।
(दानिश का ध्यान इस बात पर जाता है पर वो अनसुना कर देता है। ऑफ़िसर को अपनी ग़लती का अहसास होता है।)

ऑफ़िसर

सॉरी सर।
(दानिश बुलेट प्रूफ़ जैकेट पहन लेता है।)

अन्दर/बाहर। भदोही—दिन

दानिश गली में अन्दर घुसता है। उसके पास अपने बॉस का फ़ोन आता है।

दानिश जावेद

जी सर।

बॉस

सब कुछ अंडर कंट्रोल?

दानिश जावेद

जी सर। टोटली अंडर कंट्रोल सर। किराए का कमरा है, घेर लिया है चारों तरफ़ से।

पुलिस

(भीड़ से)
चलिए चलिए...पीछे जाइए।

दानिश जावेद

नहीं सर। ज़रूरत नहीं है। फ़ोर्स पूरी है सर। आप अलाउ करो अकेला नंगा कर के गोली मारूँगा पाँचों इन्द्रियों पे...।

बॉस (फ़ोन पर)

ट्राय करो कि उसे जिंदा पकड़ो।

दानिश जावेद

सर कसाब हो जाएगा दूसरा। हीरो बन जाएगा टीवी पर और हम सिक्यूरिटी अरेंजमेंट करते रहेंगे इसका। डाल दूँ सर?

बॉस (फ़ोन पर)

बात करो अगर वो फ़ैमिली से बात करे तो।

दानिश जावेद

जी सर। जी सर। जी मैं बात करने की कोशिश करता हूँ।
(वो फ़ोन काट देता है।)

दानिश जावेद

सोलह आदमी मर गए हमारे अब बात करो इनसे...।
(ऑफ़िसर्स को बुलाता है)
अरे इधर आओ भाई। मुझे इन सारी छतों पे एक-एक जवान चाहिए। बन्दूक़ें चेक कर लेना सारों की, बाद में सॉरी नहीं बोलना।

ऑफ़िसर

ओके सर।
(दानिश उस घर की तरफ़ बढ़ता है। दो पुलिस वाले उसके पीछे हैं। एक बूढ़ा आदमी दानिश के पास आता है।)

बूढ़ा आदमी

साहब, बगल वाले घर में बच्चे हैं।

दानिश जावेद

तो बिल में घुसाने से पहले सोचना था।
(दानिश अपने लोगों के साथ आगे बढ़ता है। थोड़ा आगे बढ़ने के बाद अपने साथ चल रहे ऑफ़िसर से कहता है।)

दानिश जावेद

बच्चों का ध्यान रखना।

अन्दर/बाहर। बदर मंज़िल—दिन

तीन पुलिस जीप और लगभग दस पुलिस वाले दरवाज़े पर इन्तज़ार कर रहे हैं। अली मोहम्मद इन गाड़ियों के पीछे ही अपनी गाड़ी रोकता है। एस.आई. यादव उसके पीछे आता है। अली मोहम्मद अपने घर के दरवाज़े पर खड़े ऑफ़िसर तक पहुँचता है। पूरा मोहल्ला देख रहा है।

अली मोहम्मद

जी फ़रमाइये?

एसएसपी मिश्रा

एसएसपी मिश्रा, एंटी टेररिस्ट। आपसे कुछ बात करनी थी।

अली मोहम्मद

आइए।

अन्दर/बाहर। बदर मंज़िल आँगन—दिन

आँगन में पूरा परिवार मिश्रा के सामने बैठा है। बाक़ी सारे पुलिस वाले पूरे घर में, हर कमरे में तलाशी ले रहे हैं। जैसे उन्होंने कब्ज़ा कर लिया है घर पर।

एसएसपी मिश्रा

देखिए उसकी जान ख़तरे में है। अगर सरेंडर करेगा तो बच सकता है। परिवार वाले एक दूसरे को देखते हैं।

बाहर। भदोही—दिन

एरियल शॉट—कई घरों की छतों पर पुलिस वाले हैं और उन्होंने अपनी बन्दूकें दरवाज़े की ओर तान रखी हैं।
दानिश दरवाज़े के एक तरफ़ खड़े होकर खटखटाता है। कोई आवाज़ नहीं आती।

अन्दर। भदोही/घर—दिन

शाहिद महफ़ूज़ से फ़ोन पर बात कर रहा है। दोनों में इंटरकट।

महफ़ूज़

रश्क करता हूँ तुम्हारे नसीब से शाहिद मियाँ। अल्लाह ने तुम्हें ख़ास चुना है।

शाहिद

जी।

महफ़ूज़

ये वही लोग हैं जो मुसलसल ज़ुल्म के जिम्मेदार हैं। लूट लो नेमतें अल्लाह की। एक भी नहीं बचना चाहिए। नारा-ए-तकबीर। अल्लाहु अकबर।

शाहिद

अल्लाहु अकबर।

महफ़ूज़

चलाइए गोलियाँ मियाँ। मैं सुन रहा हूँ।

शाहिद

अल्लाहु अकबर...अल्लाहु अकबर।
(दानिश फिर से दरवाज़ा बजाता है। और ज़ोर से। इस बार कमरे के अन्दर से एक गोली चलती है। दानिश एकदम से अपना हाथ ऊपर करता है सबको इशारा करता हुआ कि कोई गोली न चलाए।)

दानिश जावेद

तुम गोली चलाओगे बे? साले बनारस के ही हो ना? एसएसपी दानिश जावेद का नाम पढ़े हो अख़बार में? अपनी पे आ गए ना तो डेढ़ किलो लोहा उतार देंगे तुम्हारे अन्दर। घर पे पुलिस पहुँच गई है तुम्हारे। पूरा ख़ानदान बिछा दिया जाएगा। वो लोग रिक्वेस्ट कर रहे हैं तुमसे बात करने को। देख लो कुछ समझ में आता है तो। नहीं तो फिर तुम हो...। और हम तो हैं ही।
(वो दरवाज़े के नीचे से एक फ़ोन अन्दर सरका देता है।)

अन्दर। बदर मंज़िल/भदोही होम—दिन

एसएसपी मिश्रा फ़ोन एक टेबल पर रखता है और पूरा परिवार दूसरी ओर बैठा है। मोबाइल फ़ोन बीच में टेबल पर पड़ा है और स्पीकर ऑन है।
मिश्रा उन्हें बात करने का इशारा करता है। इंटरकट।

छोटी तबस्सुम

शाहिद बेटा, ये किसने फँसाया तुम्हें?

शाहिद

हमको नहीं फँसाया अम्मी, सब मुसलमानों को फँसाया है। तुम को भी फँसाया है पर तुम समझोगी नहीं अभी।

छोटी तबस्सुम

ये लोग क्या बोल रहे हैं हमसे शाहिद? तुम हमसे आके मिलो, कहाँ हो तुम?

शाहिद

अभी नहीं आ सकेंगे अम्मी। हम लड़ाई पर निकले हैं। तुम सबके लिए। अपने मज़हब के लिए।
(छोटी तबस्सुम रोने लगती है।)

आयत

भाईजान घर आ जाओ।

बिलाल

घर आ जाओ बेटा। आप तो बोल रहे थे ना कि नया शोरूम देखेंगे। हम खुलवा के देंगे बेटा। घर आ जाओ बस, सब ठीक हो जाएगा।

शाहिद

कोई शोरूम नहीं बनेगा अब्बू। जब तक काफ़िरों से जंग नहीं जीती जाएगी, मुसलमान आगे नहीं बढ़ेगा।

अली मोहम्मद

उन सोलह लोगों में से तीन मुसलमान थे, जानते हैं आप?

शाहिद

बड़े अब्बू, वो मुसलमान नहीं थे। वो समझते थे कि वो मुसलमान हैं। जैसे आप समझते हैं कि आप मुसलमान हैं।

छोटी तबस्सुम

क्या बोल रहा है ये?

तबस्सुम

शाहिद बेटा, सब कितना प्यार करते हैं तुम्हें। घर पे, बाहर। तुम चाहते हो लोग ख़राब बातें करें तुम्हारे बारे में?

छोटी तबस्सुम

भाभी सही कह रही हैं शाहिद बेटा। प्लीज़ घर आ जाओ।

शाहिद

आप सबको फ़ख़्र होना चाहिए मुझ पर। और होगा, जब उसके घर मिलेंगे हम। मैं शान से सीना तान के उसके साथ खड़ा मिलूँगा। ख़ुदा हाफ़िज़।
इसके बाद शाहिद कोई जवाब नहीं देता।

अन्दर। भदोही। होम—दिन

शाहिद कमरे के अन्दर से गोलियाँ चलाता हुआ निकलता है और दानिश के सावधानी से बुने गए जाल में फँस जाता है। दानिश उसके शरीर में गोलियाँ उतार देता है। शाहिद की आँखें बन्द हों, इससे पहले उसे एक बच्चा दिखायी देता है जो अपने पिता को आवाज़ दे रहा है।

बच्चा

अब्बू...अब्बू...।
(अली मोहम्मद और पूरा परिवार फ़ोन पर आवाज़ें सुनते हैं।)

छोटी तबस्सुम

शाहिद...।

बिलाल

शाहिद बेटा...शाहिद...।

अन्दर। बदर मंज़िल—दिन

तबस्सुम रो रही है, छोटी तबस्सुम को पकड़े हुए। आयत जड़ हो चुकी है। एसएसपी मिश्रा अली मोहम्मद को थोड़ा अलग ले जाता है।

एसएसपी मिश्रा

आपके घर के बाहर कुछ सिक्यूरिटी लगा देते हैं।

अली मोहम्मद

सिक्यूरिटी क्यों?

एसएसपी मिश्रा

ज़रूरत है।

अली मोहम्मद

मेरा घर है, मुझे क्या सिक्यूरिटी की ज़रूरत है।

एसएसपी मिश्रा

यू विल बी सरप्राइज़्ड।
(अली मोहम्मद थोड़ी देर चुप खड़ा रहता है। उसे घर के बाहर से आती कुछ आवाज़ें सुनाई देती हैं। एसएसपी मिश्रा मुस्कुराते हुए उसे देखता है। अली मोहम्मद मुख्य दरवाज़े की ओर जाता है।)

बाहर। बदर मंज़िल—दिन

दरवाज़ा खोलकर बाहर देखते ही अली मोहम्मद हैरान रह जाता है। बाहर बहुत भीड़ लगी है। टीवी कैमरों और फ़ोटोग्राफर्स की। वे अली मोहम्मद की तस्वीर लेते हैं जो पूरे देश में टीवी पर दिखायी जाती है।

अन्दर। बदर मंज़िल—दिन

कुछ पुलिस वाले बिलाल को अपने साथ ले जा रहे हैं। आरती दौड़ते हुए अली मोहम्मद के पास जाती है जो बिलाल के कमरे के बाहर खड़ा है जहाँ पुलिस वाले तलाशी ले रहे हैं।

आरती

अब्बू, छोटे अब्बू को पुलिस स्टेशन ले जा रहे हैं। मैं उनके साथ जा रही हूँ।

अली मोहम्मद

ख़ुदा ख़ैर करे। नहीं-नहीं, तुम मत जाओ। मैं जाता हूँ।

आरती

नहीं। आप यहीं रहिए सबके साथ। मैं आपको फ़ोन करती रहूँगी।

बाहर। बदर मंज़िल—दिन

जैसे ही पुलिस वाले बिलाल को बाहर लाते हैं, टीवी कैमरा और फ़्लैश लाइट्स हरकत में आ जाते हैं। आरती भीड़ को चीरते हुए उनके पीछे जाती है।

आरती

एक मिनट...एक मिनट...हटिए प्लीज़।

पुलिस

आप कौन?

आरती

मैं इनकी लॉयर हूँ।
(वो भी पुलिस वैन में बैठ जाती है। आरती और बिलाल को लिये पुलिस वैन चली जाती है। चौबे के आसपास ग्राहकों की भीड़ लगी है। सोनकर दूर से ही उसे देखता है। वे दोनों एक दूसरे को देखते हैं।)

बाहर। वाराणसी की गलियाँ—दिन

बिलाल को ले जाती गाड़ी शहर की गलियों से होकर गुज़रती है। मोटरसाइकिल्स पर टीवी कैमरे हैं जो उनका पीछा कर रहे हैं।

बाहर। भदोही—शाम

शाहिद की लाश को एक जगह तक खींचकर लाया जाता है। फिर सड़क पर छोड़ दिया जाता है। दानिश को पत्रकारों ने घेर रखा है।

दानिश जावेद

देखिए तीन आतंकवादियों को मार गिराया गया है। लेकिन इसके पीछे जो मास्टरमाइंड है, उसकी तलाश अभी जारी है। वहाँ तक हम जल्द पहुँचेंगे। थैंक यू।
(दानिश अपनी कार की तरफ़ जाता है। एक पुलिसवाला उसके पास आता है।)

पुलिसवाला

सर बॉडी?

दानिश जावेद

पोस्टमोर्टेम के लिए घर भिजवा दो उसके। घसीट के ले जाना।

पत्रकार

धमाके के तीसरे आरोपी शाहिद मोहम्मद को भी एटीएस ने एक मुठभेड़ में मार गिराया। शाहिद बनारस का रहने वाला था। उसके परिवार से पूछताछ चल रही है।

अन्दर। बदर मंज़िल—रात

टीवी पर अली मोहम्मद की तस्वीरें आ रही हैं और हिरासत में लिए गए बिलाल की भी।

बाहर। भदोही—दिन

पुलिस वाले शाहिद की लाश को घसीटते हुए ले जा रहे हैं। आसपास बहुत भीड़ है। सब देख रहे हैं।

अन्दर। बदर मंज़िल—रात

टीवी पर फुटेज आ रही है जिसमें शाहिद की लाश को ज़मीन पर घसीट कर ले जाया जा रहा है। पूरा परिवार देख रहा है। आयत एक बच्चे की तरह रोने लगती है।

आयत

भायान...अम्मी हमको भायान से मिलना है अम्मी। अम्मी हमको भायान से मिलना है अम्मी...।

छोटी तबस्सुम

भाभी वो शाहिद नहीं है न?...भाभी...।

(तबस्सुम दोनों को सँभालती है। अली मोहम्मद दरवाज़े के बाहर खड़ा है। पुलिस वालों द्वारा ज़ब्त किया हुआ सामान उन्हें ले जाते हुए देखता है।)

बाहर। बदर मंज़िल। एंट्रेंस—रात

शाहिद का सामान एक पुलिस वैन में रखा जाता है और वैन चली जाती है। बहुत ज़्यादा भीड़ है। पुलिस वाले अपनी लाठी से भीड़ को तितर-बितर करते हैं।

अन्दर। एटीएस हेडक्वार्टर—रात

आरती एक शान्त गलियारे में बैठी है। बहुत कम लोग आसपास हैं।

अन्दर ऑफ़िस में

चहल-पहल है। पुलिसवाले आपस में बात कर रहे हैं।

हवलदार

सर काफ़ी मटेरियल है। लम्बा जाएगा।

दानिश जावेद

हम्म...जल्दी करो।

ऑफ़िसर-1

अरे पता करो निकले कि नहीं...।

एसएसपी मिश्रा

पहुँच गया होगा यार। बुड्ढे की सी आर में देखो नम्बर कितने हैं।
(एक छोटा लड़का चाय लेकर आता है। सबको गिलास देता है।)

चायवाला

चीनी किसी में भी नहीं है।

पूछताछ के कमरे में

बिलाल ज़मीन पर बैठा है। उसके सामने कुर्सी पर दानिश बैठा है। बिलाल के पीछे एक जूनियर ऑफ़िसर खड़ा है जो नोट्स ले रहा है। बिलाल चुप है, डरा हुआ है।

दानिश जावेद

बम बनाना तूने सिखाया या कहीं ट्रेनिंग पे भेजा था?

बिलाल

साहब, हमें कोई इल्म नहीं था कि वो ऐसी सोहबत में है।
(दानिश हाँफता है। वो अपनी कुर्सी से उठता है और बिलाल के पास जाता है।)

दानिश जावेद

बिलाल। मेरे साथ ये गेम मत खेल।
(थोड़ा रुककर)
चाहता तो तेरे बेटे को अरेस्ट भी कर सकता था। चार गोली मारी
(कनपटी की ओर इशारा करते हुए)
एक यहाँ...।
(छाती की ओर इशारा करते हुए)
तीन यहाँ। पहुँच गया अपने अल्लाह के पास। पोस्टमॉर्टेम चल रहा है।
बिलाल हक्का-बक्का सा उसे देख रहा है, मुँह खुला, आँखें फैल गई हैं। आँखों से आँसू आते हैं।

बाहर। शाहिद इलेक्ट्रॉनिक्स—रात

अली मोहम्मद दूकान की चाबी लेकर अपनी कार से पहुँचता है। लोग इकट्ठा हैं। अपनी खिड़कियों से वे अली मोहम्मद को देखकर उसकी ओर इशारा करते हैं कि उसी को टीवी पर देख रहे थे।

पत्रकार

पूरा कवरअप करो। देखो वहाँ से पूरा कवरअप करना है। प्लीज़ हमें आगे जाने दीजिए। रोकिए नहीं। हमें पूरा कवर करना है।
(एक पुलिसवाला अली मोहम्मद के पास आता है।)

पुलिसवाला

चाबी...।

अली मोहम्मद

मैं खोल देता हूँ। मेरी दूकान है ये।

पुलिसवाला

आप चाबी दीजिए। बहुत समय लगेगा।

अली मोहम्मद

मैं खोल देता हूँ ना। मैंने कहा, मेरी दूकान है ये।

पुलिसवाला

खैर मनाइये मौलाना साहब, कि आपकी दूकान नहीं है।
(अली मोहम्मद उसे चाबी देता है।)

पुलिसवाला

थैंक यू। हम आपको फ़ोन करेंगे।
(वो चाबी से शटर खोलता है। कुछ पुलिस वाले मिलकर शटर उठाते हैं।)

पुलिसवाला

दुकान का एक-एक चप्पा छान लो। जितने भी मोबाइल हैं सबका एक एक कॉल डिटेल हमें चाहिए। कोई भी छूटना नहीं चाहिए। सारे एविडेंस इकट्ठा करना है, समझ गए?
(जो हुआ, उसका असर अब अली मोहम्मद को समझ आ रहा है। वो अपनी कार में बैठकर आसपास के माहौल पर ध्यान देता है। लोग अभी भी उसकी तरफ़ देख रहे हैं। एक फ़ीमेल जर्नलिस्ट कार से बाहर शीशे पर दिखाई दे रही है।)

अन्दर/बाहर। शाहिद इलेक्ट्रॉनिक्स/ एटीएस हेडक्वार्टर—रात

आरती गलियारे में बैठी है। उसका फ़ोन बजता है। वो उठाती है लेकिन थोड़ी दूर बैठा एक चौकीदार उसे गलियारे से बाहर जाकर बात करने का इशारा करता है। वो धीमी आवाज़ में कहती है।

आरती

एक मिनट।
(वो बाहर आती है और सीढ़ियों पर बैठ जाती है।)

आरती

जी अब्बू।

अली मोहम्मद

कितना टाइम लगेगा बिलाल को?

आरती

आई थिंक वो लम्बा चलेगा अब्बू।

अली मोहम्मद

ठीक है, मैं आता हूँ उधर।

आरती

ज़रूरत नहीं है, मैं भी बाहर कॉरिडोर में ही बैठी हुई हूँ। आप घर पे रहिए सब के साथ, मैं फ़ोन करती रहूँगी।

अली मोहम्मद

आफ़ताब का भी फ़ोन आया था। आने बोल रहा था, मैंने मना कर दिया।

आरती

एक-दो दिन देखते हैं अब्बू...बस आप हिम्मत मत हारना।
कुछ पत्रकार अली मोहम्मद की कार के शीशे पर आवाज़ करते हैं। वो चौंक जाता है शोर से।

आरती

अब्बू...अब्बू...आप ठीक हैं ना अब्बू...हेलो...।

अली मोहम्मद

हाँ, ठीक हूँ। तुमने कुछ खाया?

अन्दर। एटीएस हेडक्वार्टर/ पूछताछ का कमरा—रात

बिलाल का टाइट क्लोज़ अप। वह घुटनों के बल बैठा है दीवार की ओर मुँह करके। दोनों हाथ दीवार पर। एक ही बात बार-बार दोहरा रहा है।

बिलाल

हमारा नाम बिलाल है। शाहिद आतंकवादी था। हम उसके बाप हैं। हमें और कुछ नहीं पता। हमारा नाम बिलाल है। शाहिद आतंकवादी था। हम उसके बाप हैं। हमें और कुछ नहीं पता। हमारा नाम बिलाल है। शाहिद आतंकवादी था। हम उसके बाप हैं। हमें और कुछ नहीं पता। हमारा नाम बिलाल है। शाहिद आतंकवादी था। हम उसके बाप हैं। हमें और कुछ नहीं पता।
(थोड़ी दूर से दानिश उसे देख रहा है।)

दानिश जावेद

बोलता रह। कुछ नया याद आएगा तो वो भी बोलते रहना।
(दानिश खिड़की से बाहर देखता है। उसे आरती बैठी दिखायी देती है। आरती की नज़र भी उस पर पड़ती है।)

बाहर। बदर मंज़िल—रात

अली मोहम्मद अपनी कार में है। वो घर के पास पहुँचता है तो देखता है कि मन्दिर के पास एक ट्रक खड़ा है। जहाँ वो कार खड़ी करता है, वहाँ ट्रक से लकड़ी की बल्लियाँ उतारी जा रही हैं। विशाल और उसके तीन दोस्त उसे हिकारत से देखते हैं। विशाल उसकी ओर देखते हुए तम्बाकू थूकता है, सिर्फ़ बेइज़्ज़ती करने के लिए। उनके साथ बुलेट मोटरसाइकिल पर एक आदमी और है।

आदमी

प्रणाम मौलाना साहब। माता के जागरण का आयोजन है। कुछ दिन गाड़ी आप वहीं खड़ी कीजिएगा। आप भी आमंत्रित हैं।
(अपने आदमियों से)
ओए। तुम लोग काम चालू रखो।
(अली मोहम्मद को समझ आ जाता है और वह कार खड़ी करने के लिए दूसरी जगह ढूँढ़ता है।)

बाहर। कन्हैया टी स्टाल—दिन

चौबे की पान की दुकान में रेडियो पर हिन्दी गाने चल रहे हैं। वह पान के पत्ते धो रहा है। टी स्टाल पर लल्लन पांडे अख़बार पढ़ रहा है। वह अख़बार नीचे रखता है और चाय पीते हुए बगल में बैठे सोनकर से बात करता है।

लल्लन पांडे

रात-भर टीवी देखते रहे। आँख खोले तो ये अख़बार सब। सच बताएँ? मन नहीं मानता है, कि इनके अपने घर में आतंकवादी था एक, और इन लोगों को नहीं मालूम था।
(अली मोहम्मद मस्जिद से वापस लौटता हुआ दिखाई देता है।)

लल्लन पांडे

चलिए हम मान भी लेंगे क्योंकि हम जानते हैं इनको चालीस-पचास साल से। दुनिया नहीं मानेगी। समझ रहे हैं ना? आप को नहीं जानते होते ना तो ठीक था कि भाई दूर कहीं हो रहा है, इन लोगों को हम जानबे नहीं करते हैं। पर इन के साथ तो चाय पीते हैं रोज़ सुबह।
(अली मोहम्मद घर जाते हुए एक मोड़ पर मुड़ता है।)

लल्लन पांडे

पड़ोस में मुजिम्मल बिटिया को मैथ्स पढ़ाता है। अब हम क्या करें? इन से होम्योपैथी की दवा लें कि नहीं? बेटी को मुजिम्मल के पास पढ़ने भेजें कि नहीं?

(स्टाल पर सब चुप हैं। वे अली मोहम्मद को नमाज़ से लौटते हुए देखते हैं। सभी असहज हैं कि उससे कैसे पेश आया जाए। तभी अली मोहम्मद का फ़ोन बजता है।)

अली मोहम्मद

(सुनता है)
जी अली मोहम्मद बोल रहा हूँ।
(सुनता है)
जी।
(वह वहाँ से तेज़ी से निकल जाता है। कुछ लड़के जागरण की तैयारी में लगे हैं।)

विशाल

अरे तुमको बोले थे ना स्पीकर को बदर मंज़िल की तरफ़ घुमाने को। ठीक करो जाके इसको।
(सोनकर चौबे की तरफ़ देखता है।)

सोनकर

ये क्या उत्पात मचा रहा है चौबे तुम्हारा बेटा? इस मन्दिर पे तो आज तक जागरण नहीं हुआ।
(विशाल जो टेम्पो ड्राइवर को पैसे दे रहा है, जवाब देता है।)

विशाल

जागरण नहीं हुआ है तो आतंकवादी भी नहीं हुआ है मोहल्ले में। इन लोगों को पता चलना चाहिए कि ज़रूरत पड़ेगी तो पूरा देस खड़ा हो जाएगा एक साथ।
(विशाल देखता है कि उसका पिता गर्व से उसकी ओर देख रहा है।)

अन्दर/बाहर। बदर मंज़िल—दिन

अली मोहम्मद बेडरूम की ओर जाते हुए जल्दी से ब्रेड और दूध सलीम को देता है।

अन्दर। बदर मंज़िल बेडरूम—दिन

छोटी तबस्सुम नमाज़ ख़त्म करती है और उसे आभास होता है कि अली मोहम्मद उसकी नमाज़ ख़त्म होने का इन्तज़ार कर रहा है।

अली मोहम्मद

वो...वो लोग आ रहे हैं...शाहिद को लेकर। चलें?
(छोटी तबस्सुम अपना आपा खो देती है और नीचे की ओर भागती है। नीचे तबस्सुम उसे कसकर पकड़ लेती है और गले लगाती है। छोटी तबस्सुम उससे छूटने की कोशिश करती रहती है।)

छोटी तबस्सुम

नहीं भाईजान, नहीं चलना। वो इस घर में नहीं आएगा...वो इस घर में नहीं आएगा। शाहिद इस घर में बिल्कुल नहीं आएगा। ख़त्म कर दो, जला दो, फेंक दो उसे। इस घर में नहीं आएगा वो। भाभी मुझे जाने दो।
(अली मोहम्मद सीढ़ियों से उतरकर नीचे आता है दोनों औरतों को देखता हुआ। आयत उसके पास आती है, रोती हुई, पूरी तरह बदहवास। अली मोहम्मद उसे सँभालता है।
छोटी तबस्सुम पूरी कोशिश करती है तबस्सुम की पकड़ से छूटकर दरवाज़े की ओर जाने की।)

छोटी तबस्सुम

उनको बोल दो वो मेरा बच्चा नहीं है।
(अली मोहम्मद उसको देखता है। वह और तबस्सुम एक दूसरे को देखते हैं और एक .फ़ैसला लेते हैं। अली दरवाज़े तक जाता है आयत के साथ। आयत दरवाज़े पर ही रुक जाती है।)

बाहर। बदर मंज़िल एंट्रेंस—दिन

बाहर एम्बुलेंस के पास भीड़ इकट्ठा होने लगती है। वार्डबॉय स्ट्रेचर बाहर निकालने लगता है। दो पुलिस

वाले स्थिति पर नज़र बनाए हुए हैं। अली मोहम्मद एम्बुलेंस के दरवाज़े पर खड़ा है। वो सफ़ेद कपड़े में बँधी लाश को देखता रहता है।

पुलिसवाला

यहाँ पर एक साइन कर दीजिए प्लीज़।

अली मोहम्मद

हमें नहीं चाहिए।
(पुलिसवाला हैरानी से उसकी ओर देखता है।)

पुलिसवाला

जी?

अली मोहम्मद

ये हमारे घर का बच्चा नहीं है। आपको जो करना है इसके साथ कीजिए। हमें नहीं चाहिए।
(अली मोहम्मद मुड़ता है और आयत के पास जाता है जो अभी भी रो रही है और घर का दरवाज़ा बन्द कर लेता है।)

अन्दर। एटीएस हेडक्वार्टर—दिन

आरती ऑफ़िस के बाहर सीढ़ियों पर बैठी है। वह चाय पीते हुए आफ़ताब से बात कर रही है।

आरती

नहीं आफ़ताब, इट्स नॉट लुकिंग गुड। सत्रह घंटे से पूछताछ चल रही है।
(कोई पीछे से उसे आवाज़ लगाता है।)

आरती

आई विल कॉल यू बैक, बुलाया है मुझे।

अन्दर। एटीएस हेडक्वार्टर—दिन

आरती को अन्दर ले जाया जाता है। वो बिलाल को देखती है। उसकी हालत बहुत ख़राब है। कुछ पुलिस वाले उसे पकड़कर ला रहे हैं।

दानिश जावेद

लेके जाइए।

आरती

क्या मैं मिल सकती हूँ?

दानिश जावेद

हम अरेस्ट कर रहे हैं इन्हें। पहले मेडिकल के लिए ले जा रहे हैं फिर कोर्ट में प्रोड्यूस करेंगे क़रीब दो घंटे में। आप चाहें तो लॉयर से बात कर सकती हैं।

आरती

मैं हूँ इनकी Lawyer.

दानिश जावेद

ओह रियली।
(दो ऑफ़िसर्स बिलाल को लेकर जाने लगते हैं।)

आरती

छोटे अब्बू आप चिन्ता मत करो। बिल्कुल नहीं।
(दानिश भी निकलने लगता है, लेकिन एक पल के लिए रुकता है। आरती को देखता है।)

दानिश जावेद

जी नाम क्या हुआ आपका?

आरती

आरती।

दानिश जावेद

पूरा नाम?

आरती

आरती मोहम्मद।
(दोनों एक दूसरे को देखते रहते हैं।)

दानिश जावेद

एफ़आईआर फ़ाइल कर दी गई है, देख लीजिएगा। वैसे आपकी तो मजबूरी है इन लोगों को डिफेंड करने की।

अन्दर। बदर मंज़िल—दिन

टीवी पर बिलाल के अरेस्ट की ख़बर आ रही है। छोटी तबस्सुम मुश्किल से साँस ले पा रही है। एक कुर्सी पर लगभग गिर जाती है। आयत की नज़रें टीवी पर हैं। अली मोहम्मद फ़ोन पर एक डॉक्टर से बात कर रहा है।

अली मोहम्मद

डॉक्टर साहब पसीने छूट रहे हैं। बदन बिल्कुल ठंडा है। आप स्पेल कर दीजिए...एल वाई...एल...यू...।

तबस्सुम

आयत बेटा, एक गिलास पानी में चीनी-नमक घोल के देना ज़रा।
(आयत का ध्यान टीवी पर है। वो सुनती नहीं।)

तबस्सुम

आयत, एक गिलास में नमक और चीनी घोलकर ले आ अपनी अम्मी के लिए जल्दी से...।
(आयत अभी भी कोई जवाब नहीं देती। अली मोहम्मद रसोई में जाता है। कुछ देर बाद, आयत दौड़कर नीचे जाती है और अपनी साइकिल निकालती है।)

तबस्सुम

आयत, कहाँ जा रही है?
(आयत दरवाज़े तक पहुँच गई है। अली मोहम्मद हाथ में पानी का गिलास लिए उसके पास तक जाता है।)

अली मोहम्मद

आयत...।
(तब तक आयत घर से निकल जाती है।)

अन्दर/बाहर। ऑटोरिक्शा—दिन

आरती एक ऑटो में जा रही है फ़ोन पर बात करती हुई।

आरती

नहीं अब्बू, आज बहस कहाँ होगी, पुलिस कस्टडी तो मिलेगी ही उनको। स्पेशल कोर्ट है। मैं अटेंड करती हूँ। जी अब्बू, लास्ट टाइम रिन्यू करवाया था ना कार्ड।

बाहर। एटीएस मेडिकल फैसिलिटी—दिन

बिलाल को ले जाया जा रहा है। उसका चेहरा एक काले कपड़े से ढका हुआ है।

बाहर। वाराणसी की गलियाँ—दिन

आयत तेज़ी से साइकिल पर गलियों से जा रही है। उस पर जैसे कोई भूत सवार है।

अन्दर। कोर्ट—दिन

पुलिस बिलाल को ले जा रही है। फोटोग्राफर्स और वीडियोग्राफर्स बिलाल की तस्वीरों के लिए इकट्ठा

हो रहे हैं। बिलाल के हाथ खुले हैं। उसे कोर्ट में पेश किया जाता है। पब्लिक प्रासीक्यूटर एडवोकेट सन्तोष आनन्द (55), दानिश को केस के बारे में जानकारी दे रहे हैं। हम आरती को लॉयर की यूनिफ़ार्म में देखते हैं। बिलाल को कटघरे में ले जाया जाता है। सन्तोष आनन्द अपनी डेस्क पर बैठता है। जज हरीश मधोक आता है।

V.O.

सरकार बनाम बिलाल मोहम्मद।

सन्तोष आनन्द

योर ऑनर, आरोपी बिलाल मोहम्मद, इलाहाबाद ब्लास्ट में शामिल तीन आतंकवादियों में से एक आतंकवादी का पिता है। पुलिस ने इसे हिरासत में लेकर काफ़ी पूछताछ कर ली है। लेकिन मामले की सघन जाँच के लिए माननीय अदालत से दरख़्वास्त है कि चौदह दिन की कस्टडी ग्रांट की जाए।
(जज कस्टडी देने के लिए साइन करने ही वाला होता है लेकिन औपचारिकता के लिए डिफेंस से अपनी बात रखने के लिए कहता है।)

जज हरीश मधोक

आपका क्या है भई?

आरती

माय लार्ड, मेरे क्लाइंट के साथ पिछले सत्रह घंटे से नॉन-स्टॉप पूछताछ की जा चुकी है, उनके पूरे घर की तलाशी ली जा चुकी है। मेरे क्लाइंट आगे भी पूछताछ के लिए अवेलेबल रहेंगे। कस्टडी की कोई ज़रूरत नहीं है।

जज हरीश मधोक

अच्छा नहीं है ज़रूरत।

सन्तोष आनन्द

सबूतों से छेड़छाड़ हो सकती है योर ऑनर। इनकी जान को भी ख़तरा हो सकता है। इन्वेस्टीगेशन में बाधा पहुँचेगी।

जज हरीश मधोक

सन्तोष आनन्द जी, आपको बड़ी चिन्ता रहती है एक्यूज़ की जान की। पुलिस कस्टडी ग्रांटेड।

आरती

सर माय क्लाइंट हेज़ गौन थ्रू इंटेंस ट्रौमा। मुझे लगता है उनकी जान को भी ख़तरा है। इसलिए आई रिक्वेस्ट कि मुझे हर अड़तालीस घंटे में इनकी मेडिकल रिपोर्ट दी जाए। एंड माय लार्ड एज़ पर द प्रोविज़ंस ऑफ़ सेक्शन 41डी सीआरपीसी इन्वेस्टीगेशन के दौरान इनसे मिलने की परमिशन।

जज हरीश मधोक

आप नयी आयी हैं कोर्ट में? नहीं, आपको देखा नहीं कभी पहले। ग्रांटेड।

अन्दर/बाहर। फ़रहत का घर—दिन

दरवाज़े पर ज़ोर की ठकठक। फ़रहत दरवाज़ा खोलता है और आयत अन्दर चली जाती है। वे सब उसको यहाँ देखकर हैरत में हैं।

आयत

राशिद कहाँ है?

फ़रहत

छत पे।

(इससे पहले कि वो और कुछ बोलता, वो सीढ़ियाँ चढ़ने लगती है।)

बाहर। फ़रहत का घर/छत—दिन

राशिद छत के एक कोने पर कुछ काग़ज़ जला रहा है।

आयत

मालूम था ना तुमको?
(राशिद उसे देखता रहता है।)

राशिद

मुझे कल का नहीं मालूम था।

आयत

तो क्या-क्या मालूम था तुम्हें? हमारा भाई शाहिद मर गया, राशिद।
(फ़रहत भी छत पर आता है।)

फ़रहत

क्या हुआ?

आयत

(राशिद से)
बताओ मामू को क्या हुआ।

अन्दर। बदर मंज़िल—रात

अली मोहम्मद आँगन में बैठा है। आयत उसके सामने बैठी है। आरती और तबस्सुम भी वहाँ हैं।

आयत

शाहिद भाई का मोबाइल नहीं मिल रहा था उस दिन, मुझे टीवी के पास मिला तो मैं सरप्राइज़ करने भाईजान के कमरे में चुपके से गई।

अन्दर। बदर मंज़िल/ शाहिद का कमरा—दिन—फ़्लैशबैक

आयत चुपके से शाहिद के कमरे में जाती है। जैसे ही वो दरवाज़ा खोलती है, वो देखती है कि शाहिद

और राशिद कम्प्यूटर पर आईएसआईएस का कोई ट्रेनिंग वीडियो देख रहे हैं। बम बनाना भी सिखाया जा रहा है।
आयत ये देखकर ठिठक जाती है। दरवाज़ा खुलने की आवाज़ से दोनों पीछे मुड़कर देखते हैं। दोनों घबरा जाते हैं।

राशिद

वो आयत हम लोग ऐसे ही मस्ती कर रहे थे।
(इससे पहले कि शाहिद कम्प्यूटर ऑफ़ करता, आयत ने काफ़ी कुछ देख लिया है।)

अन्दर। बदर मंज़िल—रात

आयत आगे बताती है।

आयत

जब हमने दोनों से पूछा तो उन्होंने बोला कि वो बस ऐसे ही देख रहे थे। और आज जब हमने राशिद से ये बात पूछी तो वो घबरा गए। कुछ नहीं बताया उसने हमें।

अली मोहम्मद

मैं जाता हूँ और पूछता हूँ राशिद से।

अन्दर/बाहर। फ़रहत का घर—रात

अली मोहम्मद फ़रहत के घर के बाहर अपनी कार रोकता है और उतरकर डोरबेल बजाता है। फ़रहत दरवाज़ा खोलता है और अली मोहम्मद को देखकर भौचक्का रह जाता है।

अली मोहम्मद

राशिद कहाँ है?

फ़रहत

सलामवालेकुम भाईजान।
(फ़रहत के व्यवहार से लगता है कि वो अली मोहम्मद को अन्दर नहीं आने देना चाहता। अली मोहम्मद समझ जाता है।)

अली मोहम्मद

सलाम मियाँ। ज़रा मैं वो...बात करना चाह रहा था राशिद से।

फ़रहत

(ज़ाहिरी तौर पर झूठ बोलते हुए)
उसे दुबई भेज दिया है भाईजान।

अली मोहम्मद

बिलाल तकलीफ़ में है। अगर ये किसी तरह साबित कर सकूँ कि शाहिद मियाँ ने जो भी किया उसमें बिलाल का हाथ नहीं था तो...।

फ़रहत

जी...।

अली मोहम्मद

बिलाल, दोस्त है तुम्हारा।

फ़रहत

(बीच में रोकते हुए)
तो क्या करूँ भाईजान, इल्ज़ाम अपने सर ले लूँ? अपनी औलाद को फँसा दूँ? बल्कि आप को तो ख़ुद दूर रखना चाहिए हमें, कि आप का नाम ख़राब हुआ है, हमारा ना हो।
(अली मोहम्मद उसको देखता है, फिर निकल जाता है।)

अन्दर। एटीएस लॉक अप फैसिलिटी—दिन

बिलाल का टाइट क्लोज़ अप।
बिलाल और अली मोहम्मद आमने-सामने बैठे हैं।

बीच में एक टेबल है। आरती बिलाल के पास खड़ी है। उसके हाथ बिलाल के कन्धों पर हैं। एक लंबी चुप्पी।

अली मोहम्मद

शाहिद की कोई भी ग़लती जो तुमसे नज़रंदाज़ हुई हो?

बिलाल

भाईजान, हमको तो हमारी ग़लती भी आप ही बताए ज़िंदगी-भर। वो तो ठीक से समझ नहीं पाए। उसकी ग़लती...जब आप ही नहीं देख पाए तो हम क्या देख पाते। बस यही तसल्ली रही कि आपकी आँखों के सामने रहे शाहिद। हमसे जितना कम सीखे उतना बेहतर।

अली मोहम्मद

तुमसे कोई ग़लती हुई हो?

बिलाल

दो साल बाद बात कर रहे हैं आज आप हम से। रोज़ बस यही सोचता था कि आपको किसी तरह ख़ुश कर दें और आप फिर हमसे बात करने लगें। ग़लती तो फिर भी किए ही होंगे हम। लेकिन जान-बूझ के नहीं किए भाईजान। बिल्कुल भी नहीं। हमें छुड़ा लीजिए भाईजान...हमें छुड़ा लीजिए।

आरती

सब ठीक होगा छोटे अब्बू। आपके साथ कोई ज़्यादती तो नहीं कर रहे ये लोग? कुछ भी ऐसा करें तो बताना हमें।
(अली उसके जवाब का इन्तज़ार करता है। बिलाल दोनों को देखता है और झूठ बोलता है।)

बिलाल

नहीं बिलकुल नहीं।
(दूर एक पुलिसवाला आता दिखाई देता है। मिलने का टाइम ख़त्म हो जाता है। बिलाल उठकर जाने लगता है।)

अली मोहम्मद

तुम्हें बाइज़्ज़त बरी करके ले जाऊँगा यहाँ से।

बिलाल

सलाम भाईजान।

अन्दर। कार—दिन

अली मोहम्मद कार चला रहा है। आरती शान्त बैठी है। रास्ते में आगे जाम लगा है। वो कार रोक देता है।

अन्दर। कार—दिन

अली मोहम्मद आरती की तरफ़ देखता है और उसकी जगह उसे शाहिद दिखायी देता है। वो पुराना कुछ सोचने लगता है। ये कुछ महीनों पहले की बात है जब वो और शाहिद कार में साथ थे और जाम लगा था।

अली मोहम्मद

यहाँ तो इतना ट्रैफिक नहीं होता था।

शाहिद

वो दरगाह है ना आगे। वहाँ उर्स है।

अली मोहम्मद

अरे उर्स है तो फिर सड़कों पर क्यों मनाया जा रहा है?

शाहिद

बड़े अब्बू, जहाँ दरगाह होगी वहीं मनेगा ना उर्स।

अली मोहम्मद

अरे जब दरगाह बनी तब जगह थी शहर में, लोग कम थे। अब नहीं है ऐसा। वक़्त के साथ रिवाज़ भी बदलने चाहिए।

शाहिद

कहाँ बदलते हैं रिवाज बड़े अब्बू। किस मज़हब ने कम कर दिया सड़क पे त्योहार मनाना।

अन्दर। कार—दिन

अली मोहम्मद अपने ख़यालों से बाहर आता है। आरती उसकी तरफ़ देखती है।

अली मोहम्मद

कुछ तो बेटा छूट ही गया हमारी नज़रों से।

अन्दर। सन्तोष आनन्द का चैम्बर—दिन

सन्तोष आनन्द, दानिश और बाक़ी अधिकारियों द्वारा दी गई फ़ाइल्स को देख रहा है। डॉक्टर सहस्त्रबुद्धे *(62, एक बहुत शिष्ट आदमी)* बहुत आराम से बोल रहा है।

सहस्त्रबुद्धे

न्याय है क्या वकील साहब? आदिकाल में तो न्याय की कोई व्यवस्था ही नहीं थी। इंसान गाय का दूध पीता था और शेर गाय को खा जाता था। कोई तो न्याय माँगता नहीं था। ना गाय, ना इंसान। वो तो जब सामाजिक व्यवस्था की शुरुआत हुई तो फिर न्याय की बात चली। तय ये हुआ कि जो न्याय का पालन करे वो प्रसन्न और जो पालन ना करे वो अप्रसन्न। पर ये हमेशा सम्भव नहीं है। कभी-कभी ऐसा भी होगा कि न्याय का पालन करनेवाला अप्रसन्न रहेगा। ये भी सत्य है कि नहीं?
(सन्तोष आनन्द उसकी बात सुन रहा है लेकिन ऐसा लग रहा है कि वो किसी तरह झेल रहा है।)

सहस्त्रबुद्धे

तो फिर ज़्यादा ज़रूरी क्या है? सत्य कि न्याय?

सन्तोष आनन्द

बढ़िया है कि नहीं दानिश जी? सत्य ज़्यादा ज़रूरी है कि न्याय?
(डॉक्टर सहस्त्रबुद्धे जाने के लिए मुस्कुराते हुए उठता है।)

सहस्त्रबुद्धे

चलिए चलते हैं। फिर कभी विस्तार से चर्चा होगी। नमस्कार।
(वह चला जाता है। उसके चले जाने के बाद भी सन्तोष आनन्द नमस्कार की मुद्रा में अपने हाथ जोड़े रखता है।)

सन्तोष आनन्द

बहुत बोलता है ये आदमी, सहस्त्रबुद्धे। वैसे आदमी बहुत काम का है। टोटल पोलिटिकल कनेक्शन। मीडिया एकदम मुट्ठी में। आजकल ख़ाली कोर्ट की बहस से दबाव नहीं पड़ता। टीवी डिबेट में क्या चल रहा है? अख़बार में क्या छप रहा है? सोशल मीडिया पे क्या है? इन सब बातों का बहुत प्रभाव होता है जज पे। अपने केस के लिए बुलाया है इस आदमी को। ये सब मैनेज करेगा।

अन्दर। कोर्ट—दिन

जज, हरीश मधोक, कुछ पेपर्स देख रहा है जो उसे अभी दिए गए हैं। बिलाल को लाया जाता है। तबस्सुम और आयत उसे परेशान नज़रों से देखते हैं। अली मोहम्मद डिफेंस काउंसिल हैं। आरती उनके साथ बैठी है।
जज सन्तोष आनन्द की तरफ़ देखता है।

जज हरीश मधोक

प्रोसीड।
एडवोकेट सन्तोष आनन्द खड़ा होता है और बोलना शुरू करता है।

सन्तोष आनन्द

जज साहब, चौदह अक्टूबर को इलाहाबाद धमाके में शामिल तीन आतंकवादियों में से दो आतंकवादियों को पुलिस ने मौक़ा-ए-

वारदात से क़रीब सौ किलोमीटर दूर मार गिराया। और उसके सरगना शाहिद मोहम्मद को उसके एक अड्डे पर घेर लिया। और इधर बनारस के उसके मदनपुरा वाले दूसरे अड्डे पर...।

अली मोहम्मद

ऑब्जेक्शन।

जज हरीश मधोक

बात ख़त्म होने दीजिए अली मोहम्मद साहब।

अली मोहम्मद

जनाब वो अड्डा नहीं है वो एक घर है।

सन्तोष आनन्द

अरे तो आप उसको घर कह लीजिए, मुझे तो अड्डा कह लेने दीजिए।

अली मोहम्मद

वो घर इसी परिवार का है।

जज हरीश मधोक

काम घर जैसा नहीं हो रहा है था अली मोहम्मद साहब। ये मतलब है उनका। अरे अड्डा मत बोलिए सन्तोष जी, घर बोलिए।

सन्तोष आनन्द

ठीक है। बिलाल मोहम्मद के टेलीफ़ोन रिकाड्र्स देखकर आप ख़ुद जान जाएँगे कि इसमें पिछले तीन महीनों में तीन सौ बार पाकिस्तान के पाँच नम्बरों से उसको फ़ोन आए। पाकिस्तान।

जज हरीश मधोक

पाकिस्तान से तीन सौ फ़ोन कॉल्स अली मोहम्मद जी!

सन्तोष आनन्द

इसलिए एक्यूज़्ड बिलाल मोहम्मद पर इंडियन पीनल कोड,1860 के सेक्शन 302, 120बी और 124ए, एक्स्प्लोसिव्स एक्ट 1884 के

सेक्शन 9बी, अनलॉफुल एक्टिविटीज़ प्रिवेंशन एक्ट, 1967 के सेक्शन 16, ये सारे चार्जेज़ बनते हैं। देट्स आल योर ऑनर।

बाहर। वाराणसी की एक गली—दिन

आम कपड़ों में दानिश अपने दो आदमियों के साथ भीड़ में जा रहा है। वो एक बहुत छोटे घर तक पहुँचते हैं। दरवाज़े पर दस्तक। अफज़ल दरवाज़े पर आता है। वो दानिश और बाक़ी दो आदमियों को देखता है।

अन्दर। एटीएस हेडक्वार्टर—दिन

छोटी तबस्सुम और आयत बैठी हैं। टेबल के दूसरी तरफ़ दानिश बैठा है। दानिश उनसे पूछताछ कर रहा है।

दानिश जावेद

तबस्सुम ज़ोहरा। यही है ना तुम्हारा शादी के पहले का नाम?

छोटी तबस्सुम

जी।

दानिश जावेद

महफ़ूज़ आलम को कब से जानती हो?

छोटी तबस्सुम

जी?

दानिश जावेद

महफ़ूज़ आलम को कब से जानती हो?

छोटी तबस्सुम

जी मैं नहीं जानती।

दानिश जावेद

नहीं जानती?
(आयत से)
बेटा आपकी अम्मी महफ़ूज़ आलम को नहीं जानतीं?
(आयत बहुत डरी हुई है। उसके मुँह से शब्द नहीं निकलते।)

दानिश जावेद

कभी महफ़ूज़ आलम का नाम तो सुना होगा अम्मी के मुँह से?
(उसके हाँ या ना बोलने से पहले ही... ।)

दानिश जावेद

(चिल्लाते हुए)
सुना है कि नहीं?

आयत

(छोटी तबस्सुम को देखते हुए)
नहीं।

दानिश जावेद

उधर मत देखो, मेरी तरफ़ देख के बात करो। अन्दर डाल दूँगा दोनों को।
(छोटी तबस्सुम से)
कब मिलवाया शाहिद को महफ़ूज़ आलम से?

छोटी तबस्सुम

हम लोग नहीं जानते महफ़ूज़ आलम को। कभी नहीं मिले।

दानिश जावेद

(आराम से बात करते हुए)
देखो, बेटा तो गया। मियाँ को मैं निकलने नहीं दूँगा दस-बीस साल। सच-सच बता दो जो भी जानती हो महफ़ूज़ के बारे में, कम से कम माँ-बेटी घर जा सकोगी।
(आयत रोने लगती है।)

दानिश जावेद

शाहिद महफ़ूज़ से कब मिला? कैसे मिला? देखो तुम मदद करो हमारी, तभी तो हम मदद करेंगे। वरना कौन शादी करेगा इससे। आगे का सोचो...।

अन्दर। कार—रात

अली मोहम्मद कार चला रहा है। आरती पैसेंजर सीट पर। छोटी तबस्सुम और आयत पीछे बैठी हैं। सब चुप हैं।

अन्दर। मदनपुरा मस्जिद/ वुजू की जगह—दिन

अली मोहम्मद अपने पैर, हाथ और मुँह धो रहा है। उसके पास ही एक और आदमी, अहमद, अपना मुँह धो रहा है।

अहमद

अस्सलाम वालेकुम वकील साहब।

अली मोहम्मद

वालेकुम सलाम।

अहमद

पहले की बात और थी।
(अली मोहम्मद उसे देखता है।)

अहमद

तब ना टीवी था ना इन्टरनेट। किसी को पता ही नहीं चलता था कि दुनिया में क्या चल रहा है। अब बच्चों को सब पता चलता है।

अली मोहम्मद

क्या पता चलता है?

अहमद

यही कि क्या हाल है मुसलमानों का इस दुनिया में। बच्चे देख रहे हैं, सुन रहे हैं। और अलहमदुलिल्लाह उनमें जज़्बा है मुसलमानों के हक़ में लड़ने का। हमको शुक्रिया अदा करना चाहिए आपका और शाहिद मियाँ का कि उसने हमारे हिस्से का काम किया। अल्लाह शाहिद मियाँ को जन्नत अता फ़रमाए।

(अहमद उठता है और चला जाता है। अली मोहम्मद को हक्का-बक्का छोड़कर।)

अन्दर। कोर्ट—दिन

बिलाल कटघरे में खड़ा है। वकील जिरह करते हुए।

सन्तोष आनन्द

बचपन से हम लोग कहावत सुनते आए थे कि अंग्रेज़ चले गए औलाद छोड़ गए, अब नयी कहावत ये है कि मुग़ल चले गए जिहाद छोड़ गए।

अली मोहम्मद

ऑब्जेक्शन मी लार्ड।

जज हरीश मधोक

सन्तोष जी, रिलीजियस तुकबन्दी मत कीजिए कोर्ट में। मैं अलाऊ नहीं करूँगा।

सन्तोष आनन्द

ये रिलीजियस कहाँ है माय लार्ड, आतंकवाद का तो रिलिजन से कोई रिलेशन ही नहीं है। माय नेम इस ख़ान एंड आय एम नॉट अ टेररिस्ट। ऐसा ही बोलते हैं न?
(थोड़ा रुककर।)

सन्तोष आनन्द

योर ऑनर ये वो केस नहीं है कि एक आतंकवादी ने कुछ निर्दोष लोगों की हत्या की और अदालत ने उसे सज़ा दी। फिर अगला

मुक़दमा, फिर कैंडल मार्च। कब तक चलता रहेगा ये? माय लॉर्ड मैं अदालत का थोड़ा सा अधिक वक़्त लूँगा लेकिन ये आइडियल केस है आतंकवाद को समझने का।

जज हरीश मधोक

समय तो आप ज़्यादा ही लेते हैं सन्तोष आनन्द जी। चलिए बोलिए, सुन रहा हूँ।

सन्तोष आनन्द

हम जिस सिचुएशन से डील कर रहे हैं ना, वो है आतंकवाद का बिज़नेस। इनके समाज में बच्चे बहुत ज़्यादा हैं।
(दर्शक दीर्घा में बैठे कुछ लोग हँसते हैं।)

अली मोहम्मद

ऑब्जेक्शन माय लार्ड। किस समाज की बात कर रहे हैं ये?

जज हरीश मधोक

अरे भाई आपके समाज की बात कर रहे हैं ये। और देखिए सन्तोष जी इस अदालत में आप किसी भी धर्म पर आक्षेप नहीं कर सकते। दूसरी वार्निंग दे रहा हूँ आपको।

सन्तोष आनन्द

माय लार्ड ये आक्षेप नहीं डाटा है। इनके समाज में शादियाँ ज़्यादा अलाऊ हैं। ज़ाहिर है फिर बच्चे ज़्यादा पैदा होते हैं। ज़्यादा शादियाँ अलाऊड हैं ही इसलिए कि बच्चे ज़्यादा हों। और हो रहे हैं। इनके समाज में शिक्षा का स्तर बहुत नीचे है।

अली मोहम्मद

ऑब्जेक्शन माय लार्ड।

सन्तोष आनन्द

अरे आप पर्सनल क्यों ले रहे हैं? मेरी बात तो ख़त्म होने दीजिए। माय लार्ड इसका भी डाटा है, मैं पेश कर रहा हूँ। तो जब बच्चे ज़्यादा हों, नौकरी की कमी हो तो परिवार के किसी एक–आध सदस्य को लगा

दिया जाता है जिहाद के काम पर। थोड़ा मज़हब की सेवा भी हो जाती है और पैसे भी आ जाते हैं। माय लार्ड बिलाल ऐसे ही एक परिवार का सदस्य है। अपनी इस बात को सिद्ध करने के लिए मैं अभियुक्त बिलाल मोहम्मद को अदालत के सामने उपस्थित करना चाहता हूँ।

V.O.

बिलाल मोहम्मद हाज़िर हों।
(बिलाल कटघरे में जाता है।)

सन्तोष आनन्द

नाम क्या है आपका?

बिलाल

बिलाल।

सन्तोष आनन्द

बिलाल माने?
(बिलाल थोड़ा अटकता है।)

सन्तोष आनन्द

योर ऑनर, बिलाल, क़ुरान में उल्लेख है, इनके एक पूर्वज का नाम है जिन्होंने इस्लाम के इतिहास में पहली बार अज़ान दी थी। अज़ान, वो जो देश के हर शहर में बड़े-बड़े लाउडस्पीकर्स से दिन में पाँच बार बोली जाती है।

अली मोहम्मद

ऑब्जेक्शन माय लार्ड।

सन्तोष आनन्द

जिस में पाँच बार हमें बताया जाता है कि भगवान् सिर्फ़ एक है और वो जिसकी पूजा ये करते हैं यानी अल्लाह।

अली मोहम्मद

ऑब्जेक्शन माय लार्ड।

जज हरीश मधोक

अरे फैक्ट बोल रहे हैं ना अली मोहम्मद साहब। अज़ान पाँच बार ही होती है ना? लाउडस्पीकर पे?

सन्तोष आनन्द

हमारे ब्रह्मा, विष्णु, महेश की तो कोई हैसियत ही नहीं है योर ऑनर। उन्हें भगवान् ही नहीं माना जाता। ला इलाह इल्लल्लाह। ये ही कहा जाता है ना अरबी में? देखिए मैं थोड़ी-बहुत अरबी भी जानता हूँ।

अली मोहम्मद

ऑब्जेक्शन माय लार्ड। क़ुरान दूसरे मज़हबों के बारे में क्या कहती है ये जानने के लिए पब्लिक प्रासीक्यूटर साहब को और बहुत-सी अरबी सीखनी होगी और थोड़ा सलीक़ा भी। दिस इज़ नोट रिलेवेंट टु द केस।

सन्तोष आनन्द

दिस इज़ द केस माय लार्ड। ये केस सिर्फ़ शाहिद और बिलाल के बारे में नहीं है। ये केस एक मानसिकता के बारे में है जो धर्म के नाम पर निर्दोष लोगों की हत्या करती है और फिर कहते हैं कि हर मुसलमान ऐसा नहीं है। तो कौन-कौन ऐसा है, ये कौन बताएगा?

अली मोहम्मद

ऑब्जेक्शन माय लार्ड, एक क्राइम को मज़हब से जोड़ा जा रहा है।

जज हरीश मधोक

अरे मोहम्मद साहब, यही तो दलील है उनकी कि ये क्राइम मज़हब से जुड़ा हुआ है। बैठ जाइए।
(सन्तोष आनन्द अपनी बात जारी रखता है।)

सन्तोष आनन्द

(बिलाल से)
आपके यहाँ तो बच्चों को बचपन से क़ुरान पढ़ाई जाती है।

बिलाल

जी।

सन्तोष आनन्द

तो वो शाहिद को भी पढ़ाई होगी?

बिलाल

जी कोशिश की थी पर उसका ज़्यादा मन लगा नहीं।

सन्तोष आनन्द

बिना मन लगे ही ये हाल था तो मन अगर लग जाता तो...।

अली मोहम्मद

ऑब्जेक्शन माय लार्ड। दिस इज़ ब्लासफेमस।

जज हरीश मधोक

हाँ ब्लासफेमस तो है। बस सिर्फ़ एक केस बनेगा। करवाना है आपको? अरे बोल रहे हैं तो सुन लीजिए ना आप उन्हें। आपको भी मौक़ा दूँगा। बोल लीजिएगा।

सन्तोष आनन्द

माफ़ कीजिएगा योर ऑनर, मैं किसी धर्म का अपमान नहीं कर रहा हूँ। अली मोहम्मद साहब का सम्मान करता हूँ। हमारे बड़े भाई हैं। हिन्दू-मुसलमान दोनों इस देश में मिलकर रहते हैं। इस देश में हर मुसलमान का स्वागत किया जाता है। समाज उनका सम्मान करता है क्योंकि इनके मुस्लिम समाज ने हमारे यहाँ अब्दुल गनी, अब्दुल कलाम और बिस्मिल्लाह ख़ाँ जैसे रत्नों को दिया है। हालाँकि ये अपवाद हैं।
(थोड़ा रुककर)
योर ऑनर, मैं बिलाल मोहम्मद की बेटी आयत मोहम्मद को विटनेस बॉक्स में बुलाना चाहूँगा।

तबस्सुम

जा।
(आयत कटघरे में खड़ी है।)

सन्तोष आनन्द

आयत, जब आपको पता चला कि आपका भाई मारा गया तो आपको कैसा लगा?
(आयत रोने लगती है।)

सन्तोष आनन्द

बेटा, मैं जानता हूँ कि इस सवाल का जवाब बहुत मुश्किल है लेकिन बहुत ज़रूरी है। जब पहली बार सुना शाहिद की मौत के बारे में तो कैसा लगा?

आयत

(रोते हुए)
बहुत बुरा लगा।

सन्तोष आनन्द

क्यों बुरा लगा बेटा?

आयत

हम भाईजान से बहुत प्यार करते थे।

सन्तोष आनन्द

एग्ज़क्ट्ली योर ऑनर। बहन को इस बात का बुरा लगा कि उसका भाई मारा गया। उसे इस बात का बुरा नहीं लगा कि उस भाई ने निर्दोष लोगों की हत्या कर दी थी। अगर वो भाई जिन्दा रहता तो सबकुछ ठीक था।

अली मोहम्मद

ऑब्जेक्शन माय लार्ड। अभियुक्त बिलाल पर अभी कोई भी आरोप साबित नहीं हुए हैं और उनके परिवार के हर सदस्य को उनके नाम और मज़हब के बेसिस पर उनके पूरे वजूद पर सवाल खड़े किए जा रहे हैं।

सन्तोष आनन्द

ये सवाल मैं नहीं खड़े कर रहा हूँ। ये सवाल ख़ुद-ब-ख़ुद खड़े हैं अपने पैरों पर। जज साहब, एक्यूज़्ड बिलाल और इस फ़ैमिली ने एक

बच्चे को बचपन से शहादत के लिए तैयार किया। उसे आतंकवादियों से मिलवाया। उसे हिन्दुस्तान और हिन्दुस्तानियों के ख़िलाफ़ बरगलाया। उसे तैयार किया और इस पूरी घटना को अंजाम देने में लॉजिस्टिकल सपोर्ट भी दिया। जज साहब मैं अदालत से थोड़ा वक़्त चाहूँगा ये सिद्ध करने के लिए कि सिर्फ़ अभियुक्त ही नहीं बल्कि इनका पूरा परिवार इस आतंकवादी साज़िश का हिस्सा है।

अन्दर। बदर मंज़िल—रात

परिवार के लोग घर में अलग-अलग जगह बैठे हैं, सब परेशान। सलीम खाने की प्लेट लेकर आयत के पास जाता है।

सलीम

बेटा, एक रोटी तो खा लो।
(वो मना कर देती है। सलीम अली मोहम्मद के पास जाता है। वो भी ना में सर हिला देता है। तभी आयत का फ़ोन बजता है। वो मैसेज देखती है। एकदम से घबराकर रोने लगती है।)

आयत

अम्मी...अम्मी...।

अली मोहम्मद

क्या हुआ?

तबस्सुम

रोना बन्द करो।

आयत

अम्मी...अब्बू...।
(आरती तेज़ी से उसके पास आती है और उसका फ़ोन चेक करती है। ये एक जीआईएफ़ है जिसमें आयत का कार्टून है और उसने बम से लदा जैकेट पहन रखा है। बम फटता है और लिखा हुआ आता है—

आयत जिहादी। जीआईएफ़ चलता रहता है और आयत रोती रहती है। आरती उसे कसकर गले लगा लेती है।
अचानक, घर के ठीक बाहर से कुछ मोटरसाइकल्स की आवाज़ें आती हैं। कुछ लड़के बाहर से उल्टा-सीधा बोल रहे हैं।)

अन्दर/बाहर। बदर मंज़िल आँगन—रात

अचानक बाहर से आँगन में कुछ पत्थर आकर गिरते हैं। फिर पत्थरों की बौछार शुरू हो जाती है। अली मोहम्मद देखने के लिए दरवाज़े की ओर बढ़ता है। तबस्सुम उसे रोक लेती है।

अली मोहम्मद

अन्दर जाओ...अन्दर जाओ तुम लोग।

तबस्सुम

ख़ुदा के लिए अन्दर चलिए।
(सब लोग घबराए हुए हैं। तबस्सुम ने अली मोहम्मद को रोक रखा है। आरती और आयत डर के कारण एक दूसरे से चिपकी खड़ी हैं। थोड़ी देर में पत्थर आने बन्द हो जाते हैं और मोटरसाइकल्स चली जाती हैं।)

बाहर। बदर मंज़िल—सुबह

अली मोहम्मद रोज़ की नमाज़ के लिए घर से निकलता है। विशाल के कहने पर कुछ लोगों ने मन्दिर के सामने एक टेंट लगा लिया है। विशाल हिकारत से अली मोहम्मद को देखता है। सोनकर और बाक़ी दुकान वाले भी उसको देख रहे हैं। अली मोहम्मद को आभास होता है कि उसके पीछे कुछ है। वो मुड़ता है तो देखता है कि घर की दीवार पर लिखा है—टेररिस्ट। गो टू पाकिस्तान।

सोनकर को इस सब से शर्मिंदगी हो रही है। सब अली मोहम्मद को देखते रहते हैं। कोई कुछ नहीं बोलता।

अन्दर। चेतनगंज पुलिस स्टेशन—दिन

एस.आई. यादव अली मोहम्मद को देखता है।

यादव

चलिए अच्छा हुआ चोट नहीं लगी किसी को, और दीवार पेंट करवा डालिए जल्दी से। अच्छा नहीं लगता मुहल्ले में...।
(अली मोहम्मद ग़ौर से उसे देख रहा है और यादव ये समझ जाता है कि अली मोहम्मद की बातों को उसे गम्भीरता से लेना पड़ेगा।)

यादव

देखिए अली मोहम्मद साहब, हमारी एडवाइस तो यही है कि एफ़आईआर मत करवाइए। ये लौंडे-लपाड़े रहे होंगे रात को, मैं पता करके डाँट दूँगा। मुहल्ले का मामला है। एफ़आईआर होगी तो फिर जाके सबसे पूछताछ करना होगा। क्यों नाराज़ करना है? आपको ज़रूरत पड़ेगी मुहल्ले वालों की इस केस में।

अली मोहम्मद

और मोहल्ले को मेरी ज़रूरत नहीं पड़ेगी।

यादव

आप समझ नहीं रहे हैं। आपका आतंकवाद का केस है।

अली मोहम्मद

ओह मेरा केस आतंकवाद का है और रात को जो हुआ वो लौंडे-लपाड़े थे?

यादव

हाँ थे। जान तो नहीं लिये न किसी की।

अली मोहम्मद

और अगर जान ले लिये होते तो ? हम पाँच लोग थे आँगन में, बारह पत्थर पड़े। किसी एक-दो की जान चली जाती तो आप मान जाते कि आतंकवाद है ?
एस.आई. यादव उसे देखता रहता है।

अली मोहम्मद

चौरासी में बहुत लोग मरे थे दिल्ली में। वहाँ तो कोई मुसलमान नहीं था। वो था आतंकवाद ? छतीसगढ़, असम, बंगाल, गुजरात, अयोध्या, कश्मीर। इनमें से कौन डिसाइड करेगा कि कौन-सा आतंकवाद है ? हु विल डिसाइड दैट।
(अली मोहम्मद जाने लगता है। दरवाज़े पर रुकता है।)

अली मोहम्मद

ख़ाली मारने से आतंकवाद नहीं होता यादव जी। किसी को डरा के एकदम कोने में बिठाने की कोशिश भी आतंकवाद होती है।

अन्दर। कोर्ट—दिन

सन्तोष आनन्द क्लर्क को एक फ़ाइल देता है, क्लर्क वह फ़ाइल जज को देता है।

सन्तोष आनन्द

योर ऑनर, मैं एक्यूज़्ड बिलाल मोहम्मद के बड़े भाई, एडवोकेट अली मोहम्मद को विटनेस बॉक्स में बुलाना चाहूँगा।
(कोर्ट में चुप्पी है।)

जज हरीश मधोक

दैट्स अनयूज़अल।

सन्तोष आनन्द

मेरे अधिकार क्षेत्र में आता है योर ऑनर।
(जज अली मोहम्मद को इशारा करते हैं। अली मोहम्मद आरती को देखता है और उसके कन्धे पर हाथ रखकर दिलासा देता है। अपना

काला जैकेट उतारता है और विटनेस बॉक्स की तरफ़ बढ़ता है। बिलाल बदहवास-सा है।)

सन्तोष आनन्द

अली मोहम्मद साहब, ज़रा अदालत को याद करके बताइए, कि आप छह दिसम्बर उन्नीस सौ बानवे की रात को कहाँ थे?
(अली मोहम्मद थोड़ा सोचता है। उसकी आँखें थोड़ी ज़्यादा खुल गई हैं। उसे कुछ याद आता है।)

सन्तोष आनन्द

योर ऑनर, छह दिसम्बर उन्नीस सौ बानवे की रात इनके घर से ठीक दो किलोमीटर दूर मीर कासिम असद के घर तक़रीबन बीस लोगों की एक मीटिंग हुई थी। दो महीने बाद जज साहब, मीर कासिम को रायटिंग, आर्सन और मर्डर जैसे संगीन आरोपों में बारह साल की सज़ा हुई थी।

अन्दर। कासिम का हॉल—रात—फ़्लैशबैक

कासिम (40), एक हॉल में कुछ लोगों के सामने बोल रहा है। लगभग बीस लोग हैं जिनमें अली मोहम्मद और बिलाल मोहम्मद भी हैं।
(टेक्स्ट—6 दिसम्बर, 1992।)

कासिम

मस्जिद की शहादत के बाद अब हमारे घरों की बारी है, हमारे वजूद की बारी है। सब पर हमला हो सकता है। जंग का वक़्त है, जो लोग इस जंग में हिस्सेदारी को तैयार हैं सिर्फ़ वो लोग रहें इस शहर में। जीत हमारी ही होगी इंशाअल्लाह।
(एक आदमी आवाज़ लगाता है।)

आदमी

नारा-ए-तकबीर।

भीड़

अल्लाहु-अकबर।

अन्दर। कोर्ट—दिन—रिज्यूमिंग

(अली मोहम्मद चुप है। उसने दोबारा उस भयानक रात को जी लिया है।)

सन्तोष आनन्द

उस रात शहर में दंगे हुए और उन दंगों में अधिकतर वही लोग शामिल थे जो उस मीटिंग में मौजूद थे।
(अचानक बिलाल बोल पड़ता है।)

बिलाल

भाईजान की कोई ग़लती नहीं है। भाईजान को हम लेके गए थे उस मीटिंग के अन्दर।

जज हरीश मधोक

साइलेंस।

सन्तोष आनन्द

योर ऑनर ये है उस रात की एफ़आईआर की कॉपी। इस परिवार का साम्प्रदायिकता का इतिहास है जज साहब।

बिलाल

भाईजान का कोई लेना-देना नहीं है इस केस से। शाहिद हमारा बेटा था। उसकी जिम्मेदारी हमारी है जज साहब।

जज हरीश मधोक

डिफेंस, समझाइए इनको।

बिलाल

शाहिद हमारा बेटा है, हमारा बेटा था। उसकी सारी जिम्मेदारी हमारी है। भाईजान की कोई ग़लती नहीं।

जज हरीश मधोक

डिफेंस, इनको समझ नहीं आ रहा है तो समझा दीजिए। क्या-क्या चार्जेज़ लगे हैं इन पर। और क्या-क्या चार्जेज़ लगने वाले हैं। ले जाइए इनको यहाँ से।
(बिलाल की साँसें भारी हो रही हैं। पुलिस वाले उसे वहाँ से ले जाते हैं।)

बिलाल

शाहिद आतंकवादी था। हम उसके बाप हैं। हमें और कुछ नहीं पता।

सन्तोष आनन्द

इनके ख़ुद के फ़ोन पर पाकिस्तान के उन्हीं नम्बरों से फ़ोन आए हुए हैं श्रीमान जिनकी जाँच चल रही है। और अभी तक की जाँच में ये साबित हुआ है कि अली मोहम्मद के ऊपर भी वो तमाम आरोप साबित होते हैं जो बिलाल मोहम्मद के ऊपर हैं। इसलिए इन्वेस्टीगेशन ऑफ़िसर ने इन्हें भी इस मामले में आरोपी नियुक्त किया है। इसलिए मैं फर्दर इन्वेस्टीगेशन और एग्जामिनेशन के लिए कोर्ट से श्री अली मोहम्मद की चौदह दिन की पुलिस कस्टडी प्लीड करता हूँ श्रीमान।

आरती

योर ऑनर दिस एफ़आईआर इज़ नॉट रिलेटेड टू द करंट केस। मिस्टर अली मोहम्मद शहर के एक रेप्यूटेड वकील और सिटिज़न हैं जो सारी उम्र उसी घर में रहे हैं जो उन्हीं के नाम पर है। वो इन्वेस्टीगेशन के लिए कभी भी अवेलेबल हैं। द प्रॉसीक्यूशन डज़ नॉट हेव एनी बेसिस फ़ॉर हिज़ कस्टडी।
(जज थोड़ा विचार करता है।)

जज हरीश मधोक

वो अवेलेबल रहेंगे एग्जामिनेशन के लिए। चार्जेज़ पेश कीजिए। फिर देखते हैं।

सन्तोष आनन्द

फेयर एनफ़ योर ऑनर। थैंक यू।
(आरती राहत की साँस लेती है।)

बाहर। बदर मंज़िल—छत—रात

अली मोहम्मद एक कोने में खड़ा है कुछ सोचते हुए।
आरती वहाँ आती है।

आरती

ऑल ओके?

अली मोहम्मद

हाँ बस वो नींद नहीं आ रही थी। मैं ऐसे ही सोच रहा था। निकाह के बाद जब तबस्सुम घर आयी थी, अक्सर लड़ती थी मुझसे, आप बोलते नहीं कि आप प्यार करते हो मुझसे। मैंने कहा अरे करता हूँ, बहुत प्यार करता हूँ आपसे। कहती थी साबित करो। अक्सर बहस होती थी और मैं हमेशा हार जाता था।
(थोड़ा रुककर)
प्यार साबित कैसे किया जाता है बेटा? प्यार करके ही ना? आज कोर्ट में जब उन्होंने कहा कि मैं साबित करूँ अपना प्यार अपने मुल्क के लिए...तो कैसे करूँ मैं? हाँ, मैं कैसे करूँ? बेटे, ये केस अब तुम लड़ो मेरे लिए। तुम साबित करो मेरा प्यार मेरे मुल्क के लिए। वरना मैं ये केस हार जाऊँगा। हार जाऊँगा।
(आरती उसे हैरानी से देखती है। थोड़ा रुककर।)

आरती

हम ये केस नहीं हारेंगे अब्बू।

अन्दर। बदर मंज़िल—दिन

आरती कोर्ट के लिए तैयार हो रही है। उसका फ़ोन बजता है।
आरती के माता-पिता के घर टीवी पर ख़बर आ रही है। आरती के माता-पिता और आरती के बीच इंटरकट।

ऑन टीवी

इलाहाबाद बम ब्लास्ट केस के आतंकवादी शाहिद के पिता के बाद उनके बड़े भाई अली मोहम्मद को भी प्रॉसीक्यूशन ने एक्यूज़ बनाया है।

आरती की माँ

देख बेटा तूने उस घर में शादी की, हम मानते हैं। पर अब तो...।
(थोड़ा रुककर)
अब तो कोर्ट ने भी कह दिया कि दंगों में उनका हाथ था।

आरती

कोर्ट ने नहीं बोला है माँ, वकील ने बोला है।

आरती की माँ

टीवी देख बेटा, दुनिया क्या कह रही है। तू मेरी बात सुन। तू हमारे पास आ जा। जब केस ख़त्म होगा चली जाना। हमें क्या परेशानी है। बेटा ये आतंकवाद का मामला है और फिर तू औरत है। और...।

आरती

और जो बात आप नहीं बोल पा रहे वो ये कि मैं मुसलमान भी नहीं हूँ। बहू हूँ इस घर की माँ और अब्बू ने इस केस की जिम्मेदारी मुझे दी है बिना ये सोचे कि मैं औरत हूँ या मर्द हूँ, हिन्दू हूँ या मुसलमान।

आरती की माँ

बेटा आरती समझ।

आरती

हियरिंग का समय हो रहा है माँ। मैं जा रही हूँ।

बाहर। कन्हैया टी स्टाल—दिन

अली मोहम्मद, तबस्सुम और आयत घर से बाहर निकलते हैं। आरती भी उनके साथ है। आसपास के सारे लोग उन्हें देखते हैं।

अली मोहम्मद

चलिए...आइए...।
(परिवार अपनी कार की तरफ़ जाता है।)

आरती

एक मिनट...।
(आरती मन्दिर तक जाती है, प्रार्थना करती है और आशीर्वाद लेती है।)

अन्दर। कोर्ट—दिन

सब लोग बैठे हैं। एडवोकट सन्तोष आनन्द अपने पहले गवाह को बुलाते हैं।

सन्तोष आनन्द

योर ऑनर मैं नोडल ऑफ़िसर अजीत यादव जी को विटनेस बॉक्स में बुलाना चाहूँगा।
(जज हामी भरता है। अजीत यादव के लिए आवाज़ लगायी जाती है और वह विटनेस बॉक्स में आता है। आरती फ़ाइल को साइड में रखकर पेन और पेपर लेती है।)

सन्तोष आनन्द

जी यादव जी बताइए।

अजीत यादव

सर इन्वेस्टीगेशन के दौरान मैंने एक्यूज़्ड बिलाल मोहम्मद का घर सर्च किया। सर इनके घर के कम्प्यूटर पर आतंकवाद की ट्रेनिंग से जुड़ा बहुत सारा मटेरियल रिकवर हुआ। और इनके घर के एक बेडरूम में कोई इलेक्ट्रॉनिक वर्कशॉप सेटअप हुई थी, जहाँ से एक छोटा टेलीफ़ोन एक्सचेंज भी ऑपरेट किया गया था।

जज हरीश मधोक

छोटा टेलीफ़ोन एक्सचेंज मतलब ?

अजीत यादव

सर इसको आप प्राइवेट मोबाइल नेटवर्क कह सकते हैं, जो किसी भी इंडियन मोबाइल नेटवर्क को टच नहीं करता। और हम इसको टेप नहीं कर सकते।
(जज ये सुनकर हैरान रह जाता है। सन्तोष आनन्द एक दो फ़ीट लंबा एंटीना पेश करता है।)

सन्तोष आनन्द

योर ऑनर ये वो एंटीना है जो उस अड्डे की छत पर लगा हुआ था जिससे वो प्राइवेट मोबाइल नेटवर्क ऑपरेट किया जाता था।

आरती

ऑब्जेक्शन माय लार्ड। वो एक घर है।

सन्तोष आनन्द

अब तो मान लीजिए वकील साहिबा।

जज हरीश मधोक

सन्तोष जी आपके पास फैक्ट्स है तो प्रेजेंट कीजिए ना। उन्हें नहीं अच्छा लग रहा तो मत बोलिए।

सन्तोष आनन्द

योर विटनेस।
(आरती उठकर विटनेस बॉक्स तक आती है।)

आरती

यादव जी, इफ़ आई मे आस्क, आपकी क्वालिफ़िकेशन क्या है?

अजीत यादव

सर, मास्टर्स इन कम्प्यूटर एप्लीकेशंस। इसके अलावा मैंने बहुत सारे एडवांस्ड कोर्सेज़ अटेंड...।
(आरती बीच में रोक देती है।)

आरती

मतलब अगर आप जैसा एक्सपर्ट इंसान उस दिन इन्वेस्टीगेशन के दौरान मौजूद नहीं होता तो ये सब डिस्कवर नहीं हो पाता। राइट?

अजीत यादव

जी अगर किसी को कम्प्यूटर्स की जानकारी हो तो।
(प्लास्टिक बैग में बिलाल के फ़ोन का क्लोज़ शॉट जो जज को दिया जा रहा है।)

आरती

पब्लिक प्रासीक्यूटर ने बिलाल मोहम्मद का जो फ़ोन कोर्ट के सामने पेश किया है, मैं वो एक बार फिर दिखाना चाहूँगी। ये एक स्मार्ट फ़ोन तक नहीं है। इन फेक्ट, बिलाल सिर्फ़ हाईस्कूल पास हैं और उनका ये जान पाना इम्पॉसिबल था कि शाहिद के कम्प्यूटर से क्या कुछ हो रहा है। दैट्स ऑल माय लार्ड।

सन्तोष आनन्द

चलिए एक बात तो सिद्ध हो गई जज साहब कि इनके समाज में शिक्षा का स्तर बहुत निम्न है। ये एंटीना उस अड्डे की...क्षमा चाहता हूँ...उस घर की छत पर लगा हुआ था जहाँ कपड़े सुखाए जाते थे। ये परिवार के किसी सदस्य को नज़र नहीं आया या परिवार के हर सदस्य को ये लगा कि ये कबूतरबाज़ी की कोई नयी मशीन है।
(कोर्ट में बैठे लोग हँसने लगते हैं।)

सन्तोष आनन्द

योर ऑनर, अब मैं एक्यूज़्ड बिलाल मोहम्मद की दुकान के हेल्पर, अफ़ज़ल साबिर को विटनेस बॉक्स में बुलाना चाहूँगा।

जज हरीश मधोक

बुलाइए।
(अफ़ज़ल का नाम पुकारा जाता है और उसे विटनेस बॉक्स तक लाया जाता है।)

सन्तोष आनन्द

हाँ अफ़ज़ल साहब, आप कितने सालों से काम कर रहे हैं बिलाल मोहम्मद के यहाँ?

अफ़ज़ल

जी डेढ़ साल से।

सन्तोष आनन्द

इस महीने आपकी दुकान से बिना डाक्यूमेंट्स के चौदह सिम कार्ड रिलीज़ हुए?

अफ़ज़ल

जी।

सन्तोष आनन्द

किसके कहने से? अदालत को बताएँगे?

अफ़ज़ल

वो चौदह सिम कार्ड बिना काग़ज़ के डिलीवर हो गए थे। बिलाल भाई ने बोला कि कहीं से उन काग़ज़ों का इन्तजाम कर दूँ।

सन्तोष आनन्द

जी। योर ऑनर वो चौदह सिम कार्ड महफ़ूज़ आलम को दिए गए। उनमें से चार इलाहाबाद ब्लास्ट में इस्तेमाल किए गए। पॉइंट टू बी नोटेड। दैट्स ऑल।
(जज आरती को देखता है।)

जज हरीश मधोक

क्रॉस?
(आरती खड़ी होती है और विटनेस बॉक्स तक आती है।)

आरती

अफ़ज़ल मियाँ, आप इससे पहले कहाँ काम करते थे?

अफ़ज़ल

पटेल भाई की मोबाइल की दुकान है लहरतारा में, वहाँ पर।

आरती

उस से पहले?

अफ़ज़ल

मिश्रा इलेक्ट्रॉनिक्स में था।

आरती

वहाँ कभी ऐसा हुआ है कि कोई सिम कार्ड बिना डॉक्यूमेंट के दे दिया गया हो?

अफ़ज़ल

जी कभी-कभी कोई दोस्त-रिश्तेदार को दे देते थे।

सन्तोष आनन्द

योर ऑनर बीच में बोलने के लिए माफ़ी चाहता हूँ लेकिन पटेल भाई और मिश्राजी जिहाद-जिहाद नहीं खेलते हैं।

आरती

वो अलग बहस है सन्तोष जी जिसका इस केस से कोई लेना-देना नहीं है। अफ़ज़ल मियाँ, बिलाल मोहम्मद ने आपसे कभी कहा कि चौदह सिम कार्ड बिना डाक्यूमेंट्स के किसी को दे दिए जाएँ?

अफ़ज़ल

जी नहीं, हुजूर।

आरती

शाहिद ने कहा?

अफ़ज़ल

जी नहीं।

आरती

तो हो सकता है कि वो सिम कार्ड बिलाल भाई ने लिये हों, या शाहिद ने, या हो सकता है आपने लिये हों?

सन्तोष आनन्द

ऑब्जेक्शन योर ऑनर। डिफेन्स गवाह को भयाक्रांत, आतंकित करने का प्रयास कर रहा है।

आरती

बिल्कुल नहीं माय लार्ड। सिर्फ़ पोसिबिलिटी है जो पब्लिक प्रासीक्यूटर साहब से छूट गई थी तो मैं कोर्ट में पेश कर रही हूँ। हेन्स ये कोर्ट में साबित नहीं किया जा सकता कि वो चौदह सिम कार्ड बिलाल मोहम्मद की जानकारी या इंस्ट्रक्शन से किसी को दिए गए हों, दैट्स ऑल माय लार्ड।

बाहर। मुस्लिम लोकेलिटी—दिन

एक पतली गली के पास दो पुलिस जीप रुकती हैं। ये गली गाड़ियों के हिसाब से बहुत पतली है। बिलाल, दानिश और कुछ और पुलिस वाले उतरते हैं। दानिश गली में घुसता है। पुलिस वाले बिलाल को उसके पीछे लेकर जाते हैं। वो होटल अमीर निशान पहुँचते हैं। बिलाल परेशान है। दानिश उसे देखता है। जैसे उसको देखकर कुछ अन्दाज़ा लगाना चाह रहा हो।

बाहर। मदनपुरा मस्जिद—दिन

सुबह की नमाज़ के बाद, अहमद फिर अली मोहम्मद के पास आता है। उसके साथ कुछ और लोग भी हैं। अली मोहम्मद उन सबको देखता है, ये सोचते हुए कि आख़िर ये सब किस बारे में है।

अहमद

अस्सलामवालेकुम भाईजान। हम एक मीटिंग रख रहे हैं बिलाल भाई के हक़ में। आप ज़रूर शिरकत करें।
(सारे आदमियों के चेहरे पर मुस्कान है।)

अली मोहम्मद

(गुस्से में)
कैसी मीटिंग?

अहमद

शाहिद मियाँ की शहादत के लिए जो...।

अली मोहम्मद

(बीच में रोकते हुए)
शहादत? वो शहादत है?

अहमद

भाईजान सारी क़ौम को बदनाम किया जा रहा है। आप जा के देखें सोशल मीडिया, फेसबुक वग़ैरह पर। हम साथ मिलके खड़े नहीं होंगे तो जीना मुश्किल हो जाएगा इस मुल्क में।
(अली मोहम्मद अब थोड़ी ऊँची आवाज़ में बोलता है।)

अली मोहम्मद

कौन-से मुल्क में रहते हो मियाँ? मेरा मुल्क तो मेरे पीछे खड़ा है। क़ानून अपना काम कर रहा है और मैं अपना।
(अहमद के साथ खड़ा एक मुस्लिम आदमी बोलता है।)

आदमी

जी देखी आपके घर की दीवार मैंने। पाकिस्तानी लिखा है वहाँ।

अली मोहम्मद

पाकिस्तानी ही लिखेंगे ना अगर कुछ घरों में आज भी पाकिस्तान के जीतने पे पटाखे बजाए जाएँगे। शाहिद ने जो किया वो शहादत और मोहल्ले के कुछ गुंडों ने जो किया वो मुल्क? हाँ, हैं मोहल्ले में कुछ

गुंडे भी हैं, पर मेरे घर में भी शाहिद है। फ़र्क इतना ही है कि आप गुंडे ढूँढ़ रहे हैं और मैं शाहिद।

अन्दर। कोर्ट—दिन

टाइट क्लोज़ अप—सन्तोष आनन्द ने किसी के लिए उसके ठीक सामने महफ़ूज़ आलम की फ़ोटो पकड़ी हुई है।

सन्तोष आनन्द

इसे पहचानते हैं आप?

बिलाल

नहीं साहब। हम नहीं जानते साहब।

सन्तोष आनन्द

आप और शाहिद उससे मिले थे। उसके बाद आपने महफ़ूज़ आलम को स्टेशन ड्रॉप किया था।
(अली मोहम्मद और आरती दहल जाते हैं। अली मोहम्मद जानता है कि ये गम्भीर मामला है।)

सन्तोष आनन्द

योर ऑनर इनकी दुकान के ठीक सामने हरि ओम ज्वेलर्स है। मैं उसकी सीसीटीवी फुटेज आपको दिखाना चाहता हूँ।

अन्दर/बाहर। शाहिद इलेक्ट्रॉनिक्स—दिन—टीवी पर

फुटेज स्क्रीन पर चल रही है। अफ़ज़ल एक स्टूल पर खड़ा है ऊपर कुछ ढूँढ़ता हुआ। उसके पीछे काउंटर पर एक ग्राहक है। अचानक केबिन के अन्दर से बिलाल और शाहिद बाहर आते हैं महफ़ूज़

आलम के साथ। अफ़ज़ल एक फ़ाइल बिलाल को देता है। फिर बिलाल स्कूटर पर महफ़ूज़ को बिठाकर निकल जाता है।

सन्तोष आनन्द (O.S.)

इलाहाबाद ब्लास्ट से ठीक दस दिन पहले ये आतंकवादी महफ़ूज़ आलम इनकी दुकान पर आया था योर ऑनर।

अन्दर। कोर्ट—दिन

कोर्ट में एकदम शान्ति है।

सन्तोष आनन्द

कितने पैसे में डील फ़ाइनल की?

बिलाल

ये शाहिद के साथ दुकान पे मिले थे, हम जानते भी नहीं थे।

सन्तोष आनन्द

वो दुकान नहीं है आपकी। आपका तीसरा अड्डा है। जहाँ से आतंकवादियों को सिम कार्ड दिए गए, उनके साथ डील फ़ाइनल की गई। कितने पैसे में बेचा अपने बेटे को?

आरती

ऑब्जेक्शन माय लार्ड, अभी तक कोई भी चार्जेज़ प्रूव नहीं हुए हैं।

जज हरीश मधोक

इस डील का कोई सबूत है आपके पास सन्तोष जी।

सन्तोष आनन्द

चलिए इसे भी प्रूव कर ही देते हैं।
(सन्तोष आनन्द के चेहरे पर शातिर मुस्कान है।)

सन्तोष आनन्द

माय लार्ड अब मैं बुलाना चाहूँगा अमीर निशान होटेल के मैनेजर अब्दुल लतीफ़ को।
(बिलाल को वापस ले जाया जाता है। अब्दुल लतीफ़ को विटनेस बॉक्स में लाया जाता है।)

सन्तोष आनन्द

आप क्या करते हैं अदालत को बताइए।

अब्दुल लतीफ़

जनाब मेरा अमीर निशान होटेल है, दाल मंडी में।

सन्तोष आनन्द

बिलाल मोहम्मद को जानते हैं?

अब्दुल लतीफ़

ज़ाती तौर पे तो नहीं जानता लेकिन कुछ दिन पहले पाकिस्तान से...।

सन्तोष आनन्द

कहाँ से?

अब्दुल लतीफ़

पाकिस्तान से गेस्ट आए थे जो मिस्टर बिलाल के लिए पन्द्रह सौ डॉलर कैश छोड़ गए थे।

सन्तोष आनन्द

और वो पन्द्रह सौ डॉलर आपने बिलाल को दे दिए?

अब्दुल लतीफ़

जी जनाब।

सन्तोष आनन्द

कब?

अब्दुल लतीफ़

चौदह अक्टूबर को क़रीब...।

सन्तोष आनन्द

कितने बजे?

अब्दुल लतीफ़

करीब बारह बजे।

सन्तोष आनन्द

चौदह अक्टूबर बारह बजे। ब्लास्ट के ठीक चार घंटे बाद पाकिस्तान से आए हुए पैसे बिलाल मोहम्मद को मिल जाते हैं योर ऑनर।
(सन्तोष आनन्द जज की टेबल के पास जाता है और उसे एक फ़ाइल देता है।)

सन्तोष आनन्द

ब्लास्ट से ठीक दस दिन पहले ये आतंकवादी महफ़ूज़ आलम, शाहिद और बिलाल मोहम्मद से इनके तीसरे अड्डे पर डील फ़ाइनल करता है और मात्र एक लाख रुपए के लिए सोलह मासूम हिन्दुस्तानियों को मौत के घाट उतार दिया जाता है। दैट्स ऑल माय लार्ड।

अन्दर। एटीएस लॉक अप फैसिलिटी—दिन

आरती पर टाइट क्लोज़ अप। वह सवालिया नज़रों से अपने ठीक सामने किसी को देख रही है। टेबल के दूसरी ओर बिलाल बैठा है।

आरती

छोटे अब्बू, पाकिस्तान से पैसे मँगाता है कोई आज के ज़माने में? मुसलमान हो आप, मैं मँगा लूँ तो इंटेलिजेंस पीछे पड़ जाएगी मेरे।

बिलाल

ऐसा नहीं है कि पाकिस्तान से बिज़नेस नहीं कर रहे हैं लोग और हमने तो अपनी बहन से पैसे मँगवाए हैं।

आरती

ये बात ना आप प्रूव कर पाएँगे ना मैं कि पैसा रूही फूफी ने भेजा है। पैसा हवाले से आया है। समझ रहे हैं आप?

बिलाल

क्या करें? भाई रिज़वान कहता है कि ऑपरेशन कराना ज़रूरी है। तबस्सुम और आयत के लिए कभी कुछ कर नहीं पाए। कब तक माँगें भाईजान से? तू तो अपनी बेटी है। तुझसे तो माँग सकते हैं। देख बेटा, ये हमें तो छोड़ेंगे नहीं, लेकिन तेरे आगे हाथ जोड़ते हैं भाईजान को इससे निकाल ले। भाईजान को इससे निकाल ले।
(बिलाल रोने लगता है।)

पुलिस

ट्रायल ख़त्म मैडम।
(एक दूसरे कमरे में, दानिश ने अपने हेडफ़ोन पर सारी बातें सुनी हैं।)

अन्दर। एटीएस लॉक अप फैसिलिटी—कॉरिडोर—दिन

दानिश और आरती, दोनों सीढ़ियों पर बैठे चाय पी रहे हैं।

दानिश जावेद

क्या लगता है आपको? केस जीत जाएँगी आप?

आरती

आपको क्या लगता है? सब समझा दूँगी कोर्ट को। जस्टिस उनका काम है।

बाहर। बदर मंज़िल—रात

मन्दिर में जागरण हो रहा है। बॉलीवुड के गानों की धुन पर माता के गाने चल रहे हैं। चौबे, विशाल, कन्हैया, लल्लन और बाक़ी सब वहाँ हैं। सोनकर भी है लेकिन थोड़ी दूर।

बाहर। वाराणसी की गलियाँ—रात

शान्त सड़क। बहुत कम आवाजाही। कुछ कुत्ते। एक रिक्शा। एक स्कूटर निकलता है। पास आती हुई सायरन की आवाज़ आती है। एक एम्बुलेंस निकलती है।
अन्दर—बिलाल को साँस लेने में तकलीफ़ हो रही है। एक वार्ड बॉय उसका ख़याल रख रहा है।

बाहर। बदर मंज़िल—कुछ समय बाद

जागरण की आवाज़ें। दीवार पर लिखा हुआ—टेररिस्ट। गो टू पाकिस्तान।

बाहर। बदर मंज़िल—रात

परिवार तेज़ी से बाहर आता है। म्यूज़िक की आवाज़ और बढ़ जाती है। उन्हें इस भीड़ के बीच से निकलना है जो झूम के नाच रही है। वे लोगों को रास्ता देने के लिए कहते हैं।

तबस्सुम

भाईसाब...।
(अली मोहम्मद भीड़ के बीचबीच घेरा बनाकर सबको निकालकर ले जाने की कोशिश में है।)

अन्दर/बाहर। वाराणसी की गलियाँ/एम्बुलेंस—रात

एम्बुलेंस वाराणसी की सड़कों पर। एम्बुलेंस में बिलाल बेहोश हालत में है। अचानक हम देखते हैं कि वह दम तोड़ देता है।

अन्दर। बदर मंज़िल—दिन

आँगन जिसमें कुछ दिन पहले महफ़िल सजी थी, जिसमें पूरा मोहल्ला शामिल था, आज बिल्कुल ख़ाली है। सिर्फ़ परिवार के लोग हैं। सफ़ेद कपड़े में लिपटी बिलाल की लाश आँगन में एक चारपाई पर रखी है। आयत और छोटी तबस्सुम की रुलाई रुक नहीं रही। अली मोहम्मद और आरती पास ही खड़े हैं।
कुछ सूटकेस लिए आफ़ताब आता है। सबकी नज़र उस पर पड़ती है। आरती और उसकी नज़रें मिलती हैं। वह बिलाल के पास जाकर बैठ जाता है।

बाहर। बदर मंज़िल—दिन

चार लोग अपने कन्धों पर बिलाल को घर से बाहर ले जाते हैं—आफ़ताब, अली मोहम्मद, सोनकर और सलीम। औरतें दरवाज़े पर ही रुकती हैं।

आयत

अब्बा...।

छोटी तबस्सुम

भाभी...।
(घर की दीवार पर एंटीनेशनल लिखा है।)

बाहर। कब्रिस्तान—दिन

परिवार वालों की उपस्थिति और कुछ पुलिसवालों की देख-रेख में बिलाल को दफ़नाया जाता है। अली मोहम्मद की नज़र दूर से आते फ़रहत पर पड़ती है। वो बिलाल की क़ब्र के पास बैठकर रोने लगता है। बिलाल के शरीर को क़ब्र में रखा जाता है। लोग उस पर मिट्टी डालते हैं। बिलाल की कहानी ख़त्म। सब निकलने लगते हैं। अली मोहम्मद

देखता है कि फ़रहत अभी भी क़ब्र के पास अपने घुटनों पर बैठा रो रहा है।

अन्दर। बदर मंज़िल—रात

पूरा परिवार आँगन में बैठा है। फ़रहत भी वहाँ है। सोनकर अकेला बाहर वाला है जो वहाँ है। वो चुपचाप बैठा है।

आफ़ताब

अब हो गया आप लोगों का कोर्ट केस? चलिए अब आप सब मेरे साथ। कोई नहीं रहेगा यहाँ।

अली मोहम्मद

कहाँ नहीं रहेगा?

आफ़ताब

इंडिया में।

अली मोहम्मद

क्यों?

तबस्सुम

क्यों रहेंगे यहाँ? कौन है हमारा यहाँ पे? हम परिवार समझते हैं उन्हें, उन्होंने समझा क्या? अभी कुछ दिन पहले सब खाना खा रहे थे साथ इसी आँगन में और आज यहीं लाश पड़ी रही बिलाल भाई की, कोई आया क्या? क्यों रहेंगे यहाँ?
(अली मोहम्मद ये सुनकर हैरान है।)

अली मोहम्मद

ये आप कह रही हैं?
(तबस्सुम रो पड़ती है। अली मोहम्मद उसे सँभालता है।)

आफ़ताब

अरे शाहिद का जनाज़ा तो नहीं था। उसकी तो लाश भी नहीं ली छोटी अम्मी ने। इतना काफ़ी नहीं था?

सोनकर

ठीक कह रहा है आफ़ताब। चले जाओ यहाँ से। छोटी बच्ची है घर में।
(आफ़ताब एक और कोशिश करता है।)

आफ़ताब

छोटे अब्बू का केस ख़त्म अब्बू, आपका कोई केस है नहीं, चलाते रहेंगे सालों साल। चलिए यहाँ से।

अली मोहम्मद

क्यों जाऊँ? और कहाँ जाऊँ? ये घर है मेरा। और क्यों चलाएँगे सालों साल? क्या कहूँगा अपने आपसे कि देशद्रोही हूँ? बिलाल मुजरिम था? आयत आतंकी है? और फिर सोनकर क्या बोलेगा मोहल्ले में कि वो आतंकियों का साथ दे रहा था? हम ये केस लड़ेंगे। आख़िर तक लड़ेंगे। सबके सामने रह के लड़ेंगे।
(आफ़ताब आरती की मदद माँगता है।)

आफ़ताब

आरती, समझाओ इनको।

आरती

ठीक तो कह रहे हैं अब्बू। किसे लगता है अच्छा अपना घर छोड़ के जाना।

आफ़ताब

और केस हार गए तो?

आरती

जो सही है वो तो बोलेंगे।

अन्दर। कोर्ट—दिन

चुप्पी छायी हुई है। लोग कम आवाज़ में बातें कर रहे हैं। जज आता है। सब खड़े होते हैं। राशिद कटघरे में खड़ा है। पूरा परिवार कोर्ट में है। चौबे, सोनकर,

लल्लन पांडे, फ़रहत, सब कोर्ट में हैं। वकील, दानिश, अली मोहम्मद, सब। सब चुप बैठे हैं। जज हरीश मधोक एक फ़ाइल पढ़ रहा है।

राशिद

जनाब क़रीब दो साल पहले हमारे व्हाट्सएप ग्रुप में एक मेसेज आया था, कश्मीर में बाढ़ आयी थी तो वहाँ के लोगों की मदद के लिए। मैंने और शाहिद ने दोस्तों से और पहचान वालों से कुछ सात हज़ार रुपए इकट्ठा किए थे और वो जाकर हमने आलम भाई को दे दिए।

बाहर। वाराणसी की एक गली—दिन—फ़्लैशबैक

राशिद और शाहिद एक मुस्लिम इलाक़े में एक पतली गली में जा रहे हैं। वो एक रेस्तराँ ढूँढ़ रहे हैं। उन्हें 'लज़ीज़ मुग़लई रेस्तराँ' दिखाई देता है।

अन्दर। लज़ीज़ रेस्तराँ—दिन—फ़्लैशबैक

महफ़ूज़ आलम गड्डी के नोट गिनता है और एक छोटी डायरी में कुछ लिखता है।

महफ़ूज़

शुक्रिया मियाँ। नाम क्या बताया अपना?

राशिद

जी मेरा नाम राशिद है।

शाहिद

और मेरा नाम शाहिद है।
(राशिद कोर्ट में बोल रहा है। हम देखते हैं कि वे दोनों वहाँ से निकलते हैं।)

राशिद (O.S.)

आलम भाई ने बताया कि वो बंबई से थे। इंजीनियर थे और फिर कुछ वक़्त के बाद उन्हें महसूस हुआ कि मुल्क के ग़रीब और ज़रूरतमंद मुसलमानों को मदद की ज़रूरत है तो वो नौकरी छोड़ के इस काम में लग गए।

अन्दर। कोर्ट—दिन—रिज्यूमिंग

राशिद अभी भी कटघरे में है।

आरती

उसके बाद?

राशिद

उसके बाद उन्होंने हमें दो-तीन बार डायरेक्टली सामने से फ़ोन किया चन्दा इकट्ठा करने के लिए। जो हमने किया। दो बार किसी और को देने को कहा और एक बार वो ख़ुद बनारस आए थे और हम से मिल के ले गए।

आरती

आख़िरी बार कब मिले थे?

राशिद

क़रीब चार महीने पहले।

बाहर। वाराणसी/एक छत—दिन—फ़्लैशबैक

एक छत जिससे ग़रीब मुस्लिम इलाक़ा दिखाई दे रहा है। शाहिद और राशिद, महफ़ूज़ आलम के पास खड़े हैं। कोर्ट से राशिद की आवाज़...।

राशिद (V.O.)

इस बार कोई काम नहीं था। आलम भाई बनारस आए हुए थे और मिलना चाहते थे। इस बार मिल के मुझे कुछ ठीक नहीं लगा उनसे और मैंने तय कर लिया था कि अब नहीं मिलूँगा इन से।

महफ़ूज़

(नीचे लोगों को देखते हुए)
थक गया मैं भी, लोग साथ नहीं देते, सरकार साथ नहीं देती, उल्टे परेशान करती है।

शाहिद

परेशान क्यों?

महफ़ूज़

कश्मीरी मुसलमान की मदद करो तो बोलते हैं पाकिस्तानी है आलम भाई। फ़ोन टैप करते हैं, थाने पे बुलाते हैं। किसी से भी बात करो फ़ोन पे तो उसको भी परेशान करते हैं। नहीं अब से तुम लोगों को भी फ़ोन नहीं करूँगा मैं। ख़ाली-फोकट तुम लोगों को परेशान करेंगे।

शाहिद

तो इंटरनेट पे फ़ोन करिए ना आलम भाई।

बाहर। वाराणसी की सड़क—दिन

राशिद स्कूटर चला रहा है और शाहिद पीछे बैठा है।

राशिद

दिमाग़ ख़राब है तेरा? पता नहीं कौन है, क्या है? कोई ज़रूरत नहीं है। माहौल मालूम है ना आजकल का?

शाहिद

अरे अच्छा काम करते हैं आलम भाई। सही बोलते हैं ना कि मुसलमानों का हाल सुधरा ही नहीं आज तक। तेरी जॉब लगी क्या? मेरी लगी?

राशिद

आशीष की जॉब लगी क्या? राकेश की लगी? हमारे तो नम्बर भी उनसे कम आए थे। देखो मियाँ साफ़ बात है। मुझे ना उस आदमी का फ़ोन चाहिए ना मैसेज और तुम भी उससे बात नहीं करोगे। तुम भी उससे बात नहीं करोगे।

अन्दर। कोर्ट—दिन—रिज्यूमिंग

राशिद जज की ओर देखकर कहता है।

राशिद

और मैंने तय कर लिया कि अब आइन्दा इनसे नहीं मिलूँगा।
(आरती कोर्ट में एक फ़ोन पेश करती है।)

आरती

माय लार्ड ये है राशिद का फ़ोन जिसमें वो व्हाट्सएप ग्रुप मौजूद है जिसका ज़िक्र राशिद ने अभी किया। दैट्स ऑल माय लार्ड।

जज हरीश मधोक

आपको कुछ पूछना है सन्तोष जी?

सन्तोष आनन्द

थैंक यू योर ऑनर। राशिद, तुमने कभी किसी को इन मीटिंग्स के बारे में बताया?

राशिद

जी नहीं।

सन्तोष आनन्द

अच्छा फिर कभी शाहिद से पूछा कि वो महफ़ूज़ आलम से मिला?

राशिद

मैंने उसको मना कर दिया। उसके बाद इस बारे में कोई बात नहीं हुई हमारी।

सन्तोष आनन्द

योर ऑनर, बस इतनी-सी बात है। राशिद को लगा कि वो और शाहिद बाय चांस एक आतंकवादी से मिल गए। तो फिर राशिद ने उससे कहा कि भाई तुम देख लो, मुझे तो आतंकवाद में कोई रुचि है नहीं। बात ख़त्म। परिवार के किसी सदस्य से ये बात करने की ज़रूरत महसूस नहीं हुई। योर ऑनर...ये परिवार...इसके लिए आतंक एक पेशा है। कुछ लोग करते हैं, कुछ लोग नहीं करते। हमें क्या पता कि राशिद अभी भी ऐसे किन आतंकवादियों के संपर्क में है जिनके बारे में बताना वो मंजूर नहीं करता। या वो तब बताएगा जब पचासों मासूम हिन्दुतानी हलाक़ कर दिए जाएँगे।

(थोड़ा रुककर)

दैट्स ऑल योर ऑनर। आप जा सकते हैं।

(राशिद कटघरे से जाता है।)

सन्तोष आनन्द

माय लार्ड प्रॉसीक्यूशन श्री अली मोहम्मद को भी उन्हीं चार्जेज़ का आरोपी मानता है जो चार्जेज़ बिलाल मोहम्मद पर लगाए गए थे। दोनों भाइयों को मालूम था कि शाहिद क्या कर रहा है और बदले में कितने पैसे मिल रहे हैं। ये दोनों महफ़ूज़ आलम को जानते थे।

जज हरीश मधोक

डिफेंस।

आरती

आई वुड लाइक टू एग्ज़ामिन अफ़ज़ल साबिर और मैं बिलाल की दुकान का वीडियो एक बार फिर से कोर्ट को दिखाना चाहूँगी।

(अफ़ज़ल साबिर को आवाज़ लगाई जाती है और उसे कटघरे तक लाया जाता है। वीडियो दोबारा चलाया जाता है।)

अन्दर/बाहर। शाहिद इलेक्ट्रॉनिक्स—दिन—टीवी पर

अफ़ज़ल एक स्टूल पर खड़ा है कुछ ऐसा करते हुए जो दिख नहीं रहा। और उसके पीछे बिलाल का केबिन है।

अन्दर। कोर्ट—दिन

आरती बोल रही है।

आरती

कैन वी स्टॉप देयर?
वीडियो को रोका जाता है।

आरती

अफ़ज़ल जी आप स्टूल पर खड़े होकर क्या कर रहे हैं?

अफ़ज़ल

जनाब ऊपर अलमारी में सीए की फाइल्स रहती हैं। बिलाल भाई ने किसी साल की फ़ाइल निकालने के लिए कहा था।

आरती

कब कहा था बिलाल भाई ने वो फ़ाइल ढूँढ़ने को?

अफ़ज़ल

जी वो दो मिनट पहले ही आए थे और कहा कि जल्दी से निकालो फ़ाइल।

आरती

दो मिनट पहले। मतलब वो उस दिन क्या लेट आए थे?

अफ़ज़ल

जी नहीं। उनकी एक मीटिंग थी बैंक में। पर वो फ़ाइल भूल गए थे तो वही फ़ाइल लेने आ गए।

आरती

तो मतलब क्या वो जब तक दुकान पहुँचे वहाँ पर आलरेडी कोई मौजूद था।

अफ़ज़ल

शाहिद था और आलम भाई थे।

आरती

तो क्या बिलाल को पता था कि उस दिन दुकान में आलरेडी आलम भाई मौजूद हैं?

अफ़ज़ल

जी उन्हें तो ये भी नहीं मालूम था कि शाहिद अन्दर है।

आरती

क्या आपने पहले कभी आलम भाई को देखा था।

अफ़ज़ल

नहीं हुज़ूर। उसी दिन शाहिद ने मिलवाया था ये कहकर कि किसी दोस्त के बड़े भाई हैं।

आरती

माय लार्ड उस दिन बिलाल मोहम्मद की आईसीआईसीआई बैंक में एक लोन की मीटिंग थी। वो एक फ़ाइल भूल गए और उसे लेने जब दुकान पर पहुँचे तो महफ़ूज़ आलम शाहिद के साथ वहाँ बैठा हुआ था। दैट वाज़ द फर्स्ट टाइम बिलाल महफ़ूज़ आलम से मिले थे।

सन्तोष आनन्द

जी योर ऑनर। और उन्हें अकेले स्कूटर पे चलने की आदत नहीं थी तो कहा कि चलो भाई आतंकवादी हो तो क्या फ़र्क पड़ता है। लेट्स गो फ़ॉर अ ड्राइव।
(कोर्ट में बैठे लोग हँसते हैं।)

आरती

माय लार्ड, आईसीआईसीआई बैंक के फ़ौरन बाद एक रेलवे स्टेशन है और आउट ऑफ़ कटर्सी, बिलाल मोहम्मद ने महफ़ूज़ आलम को रेलवे स्टेशन ड्राप करने का ऑफ़र दिया। उस समय वो नहीं जानते थे कि वो एक टेररिस्ट को लिफ़्ट दे रहे हैं।

सन्तोष आनन्द

कपोल-कल्पना है जज साहब...प्रीज़म्पशन...प्रॉसीक्यूशन का अब भी मानना है कि उस दिन बिलाल मोहम्मद, शाहिद और महफ़ूज़ आलम के बीच में डील फ़ाइनल हुई थी।

आरती

(अफ़ज़ल से)
आप जा सकते हैं।
(जज से)
योर ऑनर, आई वुड लाइक टू कॉल नोडल ऑफ़िसर अजीत यादव फ़ॉर एग्ज़ामिनेशन।

जज हरीश मधोक

बुलाइए।
(अजीत यादव कटघरे में आता है। आरती के हाथ में मोबाइल नेटवर्क एंटीना है।)

आरती

अजीत जी, क्या चांसेज़ हैं कि कोई इसको देख के बता दे कि ये कबूतरबाज़ी का यंत्र है?
(कोर्ट में बैठे लोग हँसते हैं। अजीत यादव भी मुश्किल से अपनी हँसी रोकता है।)

आरती

शायद आपने ठीक से सुना नहीं। क्या चांसेज़ हैं कि कोई इसको देख के बता दे कि ये कबूतरबाज़ी का यंत्र है?

अजीत यादव

मुश्किल है मैडम। एक्चुअली तो बिल्कुल नहीं।

आरती

और क्या चांसेज़ हैं कि कोई इसको देखते ही बता दे कि ये एक्चुअली में क्या है?

अजीत यादव

पहली नज़र में तो बिल्कुल मुमकिन नहीं है।

आरती

घर के एक टेकसेवी लड़के ने बोला कि ये डिश एंटीना के सिग्नल्स का बूस्टर है और पूरे परिवार ने मान लिया। दैट्स इट सर।

सन्तोष आनन्द

योर ऑनर, बिल्कुल ज़रूरी नहीं है कि बिलाल मोहम्मद या अली मोहम्मद को इस एंटीना के बारे में जानकारी हो। प्रॉसीक्यूशन का मानना है कि इन दोनों को इस बात की अच्छे से जानकारी थी कि शाहिद क्या कर रहा है और उसे इस काम के लिए कितने पैसे मिलने वाले हैं।

आरती

कपोल-कल्पना माय लार्ड...प्रीजम्पशन। पब्लिक प्रासीक्यूटर का हर आर्ग्यूमेंट इसी कपोल-कल्पना पर टिका है। वो ये मानते हैं कि परिवार आतंकवादी है और ये सभी इस प्लान का हिस्सा थे। हालाँकि उन्होंने ये प्रूव करने के लिए अभी तक कोई ठोस सबूत पेश नहीं किए है कोर्ट में। दैट्स ऑल माय लार्ड।

(अजीत यादव से)

आप जा सकते हैं।

(जज से)

माय लार्ड अब मैं एक्यूज़्ड एडवोकेट अली मोहम्मद को एक बार फिर से कटघरे में बुलाना चाहूँगी।

(अली मोहम्मद कटघरे में आता है।)

आरती

अली मोहम्मद साहब, क्या आप गाड़ी चलाते हैं?

अली मोहम्मद

जी।

आरती

कितने चालान कटे हैं आपके अब तक?

अली मोहम्मद

कोई नहीं।

आरती

इनकम टैक्स भरते हैं?

अली मोहम्मद

जी हाँ।

आरती

वोट देते हैं?

अली मोहम्मद

जी देते हैं।

आरती

घूस देते हैं?

अली मोहम्मद

जी?

आरती

सरकारी अफ़सरों से अपना काम आसानी से करवाने के लिए क्या आप उन्हें घूस देते हैं?

अली मोहम्मद

जी नहीं।

आरती

कितने आतंकवादी हैं आपके परिवार में?

अली मोहम्मद

कोई नहीं।

आरती

ये कैसे कह सकते हैं आप?

अली मोहम्मद

मैं जानता हूँ मेरे परिवार को।

आरती

शाहिद को नहीं जानते थे आप?

अली मोहम्मद

शायद वो हमारी ग़लती हो गई।

आरती

और बिलाल?

अली मोहम्मद

बिलाल ने तो कुछ नहीं किया।

आरती

ये अभी तक प्रूव नहीं हुआ है कोर्ट में। अभी तक जो उनपे चार्जेज़ हैं वो रद्द नहीं हुए हैं। चलिए छोड़िए, आफ़ताब मोहम्मद...आपका बेटा...वो?

आरती

जी वो लंदन में बिज़नेस करता है।

आरती

क्या आप यक़ीन से कह सकते हैं कि वो आतंकवादी नहीं है।

अली मोहम्मद

बिल्कुल नहीं है।

आरती

उस यक़ीन से जिस यक़ीन से आपको लगता था कि शाहिद ऐसा नहीं

कर सकता।

अली मोहम्मद

मेरे पास कोई वजह नहीं है उस पर शक करने की।

आरती

आप के पास नहीं होगी वजह अली मोहम्मद साहब पर प्रॉसीक्यूशन का ऐसा मानना है कि आप और आप का परिवार अपने घर के बच्चों से आतंकवाद का धंधा करा के पैसे कमाता है। आप सब देशद्रोही हैं ये आरोप है आप पर और आप के परिवार पर।

अली मोहम्मद

हम...हम देशद्रोही नहीं हैं।

आरती

कैसे प्रूव करेंगे आप ? कैसे मान लिया जाए कि आप देशद्रोही नहीं हैं ?
(कोर्ट में चुप्पी छायी है।)

आरती

कैसे मान लिया जाए अली मोहम्मद साहब कि आपका परिवार देशद्रोही नहीं है ? क्या सिर्फ़ इसलिए मान लिया जाए कि सन सैंतालीस में जब आपके पास चॉइस थी कि आप एक मुस्लिम मुल्क जा सकते थे आप नहीं गए ? या इसलिए कि आप इनकम टैक्स भरते हैं, वोट देते हैं, घूस नहीं लेते। आपके पास अली मोहम्मद जी कोई प्रूफ नहीं है कि आप देशद्रोही नहीं हैं। और सबूत चाहिए मिस्टर अली मोहम्मद क्योंकि आपको देख के लगता है कि आप देशप्रेमी नहीं हो सकते।
(थोड़ा रुककर।)

आरती

ये दाढ़ी कब से रखी आपने ?

अली मोहम्मद

ढाई तीन साल से।

आरती

क्यों ?

अली मोहम्मद

हमारे यहाँ सुन्नत है।

आरती

क्या आपने ये कभी नहीं सोचा कि एक आम देशप्रेमी कैसे फ़र्क करेगा दाढ़ी वाले अली मोहम्मद में और दाढ़ी वाले उस सीरियन, इराक़ी, अफ़गानी, पाकिस्तानी, कश्मीरी टेररिस्ट में जिसकी फ़ोटो आए दिन अख़बार में छपती रहती है। कैसे हमें पता चलेगा कि आप ख़राब मुसलमान हैं और आप अच्छे मुसलमान हैं। अली मोहम्मद जी आपका भतीजा तो आपके साथ आप ही के घर में रहता था उसने दहशतगर्दों के साथ मिल के सोलह लोगों की जान ले ली है। आपका भाई बिलाल मोहम्मद, उस पे आरोप है इस साज़िश में शामिल होने का। आप पर भी आरोप है इस साज़िश में शामिल होने का। कैसे साबित करेंगे आप कि आप एक अच्छे मुसलमान हैं।
(अली मोहम्मद चुप है।)

आरती

बताइए ? कैसे साबित करेंगे आप कि आप एक अच्छे मुसलमान हैं।
(अचानक, अली मोहम्मद के चेहरे पर हल्की मुस्कान आती है।)

अली मोहम्मद

जब क़ुरान पढ़ी थी, तो पता चला था कि क़यामत के दिन अल्लाह मुझसे ये सवाल पूछेगा, कि मैं एक अच्छा मुसलमान था या नहीं। और वो फ़ैसला करेगा। कोशिश तो पूरी है कि एक अच्छा मुसलमान बनूँ, पर कई बार ग़लतियाँ हो जाती हैं। सन्तोषजी ने बानवे की जिस मीटिंग की बात की थी, जिसके तहत मुझ पर कम्यूनल हार्मोनी डिस्टर्ब करने के एक्यूज़ेशन लगाए गए...।

बाहर। वाराणसी की सड़क—रात—फ़्लैशबैक

अली मोहम्मद और बिलाल, 25 साल पहले, छुपते-छुपाते बहुत तेज़ी से अपने घर जा रहे हैं।

बाहर। बदर मंज़िल। आँगन—रात—फ़्लैशबैक

वे थोड़े बदहवास से घर में घुसते हैं और अपने-अपने कमरे में जाते हैं। अली मोहम्मद मुख्य दरवाज़े की सारी कुण्डियाँ बन्द करता है।

अन्दर। बदर मंज़िल। बेडरूम—रात—फ़्लैशबैक

कमरे में वह एक अलमारी के ऊपर रखा सूटकेस उतारता है और उसे बेड पर रखता है। तबस्सुम (कई साल छोटी) उसे देख रही है। उसे कुछ समझ नहीं आ रहा है।

अली मोहम्मद (O.S.)

बहुत डरा हुआ था मैं। मैं ही नहीं हर मुसलमान डरा हुआ था उस रात।

तबस्सुम

मैं ये घर छोड़ के नहीं जाऊँगी।
(अली मोहम्मद उसे देखता है। वो जल्दी में है।)

अली मोहम्मद

अरे आग लगा देंगे घर को। बाहर देखिए ज़रा, ख़ून सवार है लोगों के सर पे।

तबस्सुम

(अड़ी हुई)

नहीं जाऊँगी मैं। ये मेरा घर है।

(थोड़ा रुककर)

इसे छोड़कर जिंदा तो कहीं नहीं जाऊँगी मैं।

(घर में दरवाज़े पर ज़ोर से ठक-ठक होती है। दोनों सहम जाते हैं। अली मोहम्मद तबस्सुम को अन्दर ही रहने के लिए कहता है और ख़ुद बाहर आता है।)

अन्दर/बाहर। बदर मंज़िल। आँगन—रात

बिलाल पहले से ही आँगन में है। दरवाज़े पर फिर दस्तक होती है। अली मोहम्मद एक चाक़ू लेता है और दरवाज़ा खोलता है।
चौबे और सोनकर, कई साल छोटे, अन्दर आते हैं और दरवाज़ा बन्द करके कुण्डी लगाते हैं।

अली मोहम्मद

चौबे?

चौबे

बाहर माहौल ठीक नहीं है पर आप बिल्कुल टेंशन मत लीजिएगा वकील साहब। हम लोग यहीं ठहरेंगे और हमारे रहते आप लोगों को कुछ नहीं हो सकता।

अन्दर। कोर्ट—दिन—रिज्युमिंग

अली मोहम्मद बोल रहा है।

अली मोहम्मद

काश उस रात चौबे और सोनकर हर मुसलमान के घर जाते। थोड़ा ज़्यादा समय लूँगा जज साहब पर ज़रूरी है कि जान लिया जाए उन लोगों को भी जिन पर आतंकवादी होने का इल्ज़ाम है। जज साहब, जो कुछ भी बना इस ज़िंदगी में, इस मुल्क ने बनाया। अब्दुल हमीद

से भी मुताअिस्सर हुआ तो गांधी से भी हुआ और मदर टेरेसा से भी हुआ। मुसलमान होने के फ़ायदे भी हुए हैं इस मुल्क में और कभी-कभी शक की नज़र से भी देखा गया है। पर दफ़्न उसी कब्रिस्तान में होना है जो मेरे घर से दो सौ मीटर दूर है। पब्लिक प्रासीक्यूटर साहब ने कहा कि वो मुसलमानों का सम्मान करते हैं और उनका स्वागत करते हैं। मेरे घर में मेरा स्वागत करने का हक़ उन्हें किसने दिया। ये मेरा भी उतना ही घर है जितना कि आपका। और अगर आपको शक है मेरी वफ़ादारी पर तो जाइए आप पता कीजिए कि क्यों है शक आपको? अगर आपको फ़र्क नहीं करना आता शाहिद में और मुराद अली मोहम्मद में तो आप पता करिए कि ऐसा क्यों है? और अगर आप मेरी दाढ़ी और ओसामा बिन लादेन की दाढ़ी में फ़र्क नहीं कर पा रहे हैं तो भी मुझे हक़ है मेरी सुन्नत निभाने का। गले लगा के सवाल पूछिएगा कलेजा निकाल के हाथ में रख दूँगा। ऊँगली उठा के पूछिएगा ना तो याद रखिएगा मेरी जवाबदारी आपसे नहीं है, अपने ईमान से है, अपने मुल्क से है। दैट्स ऑल माय लार्ड।

आरती

आप जा सकते हैं। माय लार्ड, अब मैं इन्वेस्टीगेटिंग ऑफ़िसर दानिश जावेद को एक्ज़ामिन करना चाहूँगी।
(दानिश जावेद कटघरे में आता है।)

आरती

प्रॉसीक्यूशन ने एक्यूज़्ड बिलाल मोहम्मद के जो फ़ोन कॉल रिकार्ड्स सबमिट किए हैं उनमें से कुछ 300 फ़ोन कॉल्स पाकिस्तान से हैं। क्या आप ये बता सकते हैं कि ये फ़ोन कॉल्स किस टेररिस्ट आर्गेनाइज़ेशन से आए हैं।

दानिश जावेद

वी डोंट नो यट बट वी हेव सेंट अ रिक्वेस्ट टू द पाकिस्तान गवर्नमेंट एंड आवर ओन इंटेलिजेंस।

आरती

क्या ये नम्बर्स किसी इंडियन एजेंसी की अलर्ट लिस्ट पर हैं?

दानिश जावेद

नहीं। लेकिन इसका ये मतलब नहीं कि...।

आरती

(रोकते हुए)
ऑफ़ कोर्स नॉट। इसका मतलब ये नहीं कि ये नम्बर्स सन्दिग्ध नहीं हो सकते। माय लार्ड ये 300 फ़ोन कॉल्स पाँच नम्बर्स से आए हैं।
(आरती क्लर्क को एक फ़ाइल देती है।)

आरती

ये है टेलीनोर, पाकिस्तान की रिपोर्ट। पहला नम्बर है डॉक्टर परवेज़ अहमद, उनके चचाज़ाद भाई। दूसरा सय्यद मोहम्मद नावेद, ये भी उनके चचाज़ाद भाई। समीना बेगम, उनकी चचाज़ाद भाभी। जनाब अरशद मुमताज़ और उनकी बेगम रूही मोहम्मद, चचाज़ाद बहन। ये वो ही रूही मोहम्मद है जिनसे बिलाल मोहम्मद ने 1500 डॉलर उधार लिये थे अपनी हार्ट सर्जरी के लिए जो को-इंसिडेंटली उन्हें उसी दिन मिले जिस दिन बम ब्लास्ट हुआ था।
(थोड़ा रुककर)
दानिश जी, आप इस्लाम मानते हैं?

सन्तोष आनन्द

ऑब्जेक्शन माय लार्ड। एक सर्विंग ऑफ़िसर के रिलिजन का क्या रिलीवेंस है?

आरती

सर मुझे लगा ये पूरा का पूरा केस रिलीजियस रिलीवेंस के बारे में है एंड आई शैल प्रूव दैट राइट नाउ। दानिश जी क्या आप ये बात मानते हैं कि हर मुस्लिम टेररिस्ट नहीं होता?

दानिश जावेद

जी।

आरती

और हर टेररिस्ट मुस्लिम होता है?

दानिश जावेद

जी कम से कम अब तक के मेरे एक्सपीरियंस में ऐसा ही है।

आरती

टेररिज़्म की डेफ़िनिशन क्या है?

सन्तोष आनन्द

ऑब्जेक्शन योर ऑनर। अदालत में क्या अब आतंकवाद की परिभाषा लिखी जानी है?
(दानिश सन्तोष आनन्द को रुकने का इशारा करता है। वो आरती की बात का जवाब देना चाहता है।)

दानिश जावेद

द अनलॉफुल यूज़ ऑफ़ वायलेंस ऑर इंटीमिडेशन, इस्पेशियली अगेंस्ट सिविलियन्स, इन परसूट ऑफ़ सोशल ऑर पोलिटिकल एम्स।
(आरती मुस्कुराती है जैसे उसने कोई जंग जीत ली हो।)

आरती

द अनलॉफुल यूज़ ऑफ़ वायलेंस ऑर इंटीमिडेशन, इस्पेशियली अगेंस्ट सिविलियन्स, इन परसूट ऑफ़ सोशल ऑर पोलिटिकल एम्स। सामाजिक या राजनीतिक उद्देश्य के लिए हिंसा का प्रयोग, विशेषकर आम जनता के विरुद्ध। एम आई राइट?

दानिश जावेद

जी।

आरती

क्या आपने नोटिस किया कि इस डेफ़िनिशन में कहीं भी धर्म का मेंशन नहीं था।

दानिश जावेद

जी।

आरती

तो आप कैसे तय करते हैं कि ये टेररिज़्म है, ये नहीं है?

सन्तोष आनन्द

दानिश जी, यू कैन चूज़ नॉट टू आंसर।

आरती

कौन तय करता है कि आतंकवाद क्या है?

सन्तोष आनन्द

ऑब्जेक्शन योर ऑनर।

आरती

क्या अनटचयेबिलिटी टेररिज़्म है? क्या इनोसेंट आदिवासियों की हत्या टेररिज़्म है? ऊँची जाति के लोगों द्वारा नीची जाति के लोगों पर अत्याचार, वो टेररिज़्म है?

सन्तोष आनन्द

ऑब्जेक्शन योर ऑनर।

आरती

या इस्लामिक टेररिज़्म के अलावा आपको कोई दूसरा टेररिज़्म लगता ही नहीं है।

सन्तोष आनन्द

आई ऑब्जेक्ट योर ऑनर।

आरती

अरे सन्तोष जी, मेरी बात तो ख़त्म होने दीजिए।

जज हरीश मधोक

ओवररूल।

आरती

आप कितने साल से काम कर रहे हैं एंटी-टेररिस्ट स्क्वाड में?

सन्तोष आनन्द

आई स्ट्रोंगली ऑब्जेक्ट योर ऑनर।

दानिश जावेद

क़रीब दस साल से।

आरती

और कितने मुस्लिम हैं आपकी टीम में?

सन्तोष आनन्द

आई स्ट्रोंगली ऑब्जेक्ट योर ऑनर।

जज हरीश मधोक

इनफ़ आरती जी। अब इस बात का कोई रिलीवेंस नहीं है।

आरती

माय लार्ड, इस केस में एक्यूज़्ड और उनकी पूरी फ़ैमिली के नामों तक का हिस्टोरिकल और मायथोलॉजिकल सिग्निफिकेंस था तो...।

जज हरीश मधोक

ठीक है। गो ऑन। पर मुद्दे पर आइए जल्दी।

आरती

बताइए। आपकी टीम में कितने मुसलमान हैं?

दानिश जावेद

बहुत ज़्यादा नहीं। कम हैं।

आरती

क्यों? क्योंकि आपके ज़्यादातर टारगेट्स मुस्लिम होते हैं इसलिए?

दानिश जावेद

जी।

आरती

तो कभी ऐसा हुआ इन द हीट ऑफ़ द मोमेंट आपकी टीम भूल गई कि आप ख़ुद मुसलमान हैं और कोई एंटी-मुस्लिम बात कह दी हो आपको?

दानिश जावेद

मुझे याद नहीं।

आरती

याद नहीं या कभी नहीं? कभी नहीं?
(दानिश असहज है। बहुत असहज।)

दानिश जावेद

ऐसा नहीं है, बट इन द हीट ऑफ़ द मोमेंट, समटाइम्स...।

आरती

(बीच में रोकते हुए)
और ऐसा कभी भी आपको लगा कि ये कुछ लोग पूरी क़ौम का नाम ख़राब कर रहे हैं?

दानिश जावेद

हर दफ़ा।

आरती

दैट इज़ द पॉइंट माय लार्ड। ये पूरा केस एक प्रेज्यूडिस पे बेस्ड है। इन्वेस्टिंग ऑफ़िसर ऑफ़ द केस, दानिश जावेद जो ख़ुद एक मुसलमान हैं, वो इस बात से प्रेज्यूडिस्ड हैं कि कुछ लोग पूरी क़ौम का

नाम ख़राब कर रहे हैं। और उनका एजेंडा इस केस से ये साबित करने का है कि ऐसा एक्ज़ाम्प्ल सेट करें कि आगे जाके किसी भी परिवार से कोई शाहिद न निकले। राइट ऑर राँग? यस या नो? क्या ये बात सच नहीं है कि आप उसे गिरफ़्तार कर सकते थे?

सन्तोष आनन्द

ऑब्जेक्शन योर ऑनर।

आरती

यस ऑर नो मिस्टर दानिश? आप उसे गिरफ़्तार कर सकते थे फिर भी आपने उसे गोली मार दी। यस ऑर नो?

सन्तोष आनन्द

ऑब्जेक्शन योर ऑनर।

आरती

क्या आप इस केस से ये एजेंडा प्रूव नहीं करना चाहते कि आगे से किसी परिवार से कोई शाहिद निकला तो उस परिवार का भी हश्र ऐसा ही होगा?

सन्तोष आनन्द

ऑब्जेक्शन योर ऑनर।

आरती

यस ऑर नो? क्या इस परिवार का हाल ऐसा नहीं करना चाहते थे?
(दानिश फट पड़ता है।)

दानिश जावेद

यस...यस...।

आरती

दैट्स ऑल योर ऑनर। यू मे गो नाउ।
(दानिश कटघरे से निकलकर चला जाता है। कोर्ट में चुप्पी है। आरती थोड़ा पानी पीती है और अली मोहम्मद को देखती है।)

जज हरीश मधोक

सन्तोष जी। क्लोजिंग आर्ग्यूमेंट्स।

सन्तोष आनन्द

एक बड़ा अच्छा शेर है जनाब।
हम उन्हें अपना बनाएँ किस तरह
वो हमें अपना समझते ही नहीं।
योर ऑनर, इस परिवार के दो लड़के एक बेहद ख़तरनाक आतंकवादी को लंबे समय से जानते थे। जिनमें से एक लड़के ने सोलह मासूम हिन्दुस्तानियों की जान ले ली। प्रॉसीक्यूशन ने ये सारे एविडेंस पेश किए हैं अदालत के सामने कि ये प्लानिंग इस परिवार ने अपने बदर मंज़िल वाले घर में बैठकर बनाई। नोडल ऑफ़िसर अजीत यादव ने भी सबूत पेश किए। सीसीटीवी कैमरा फुटेज से ये बात स्पष्ट हुई है कि बिलाल मोहम्मद आतंकवादी महफ़ूज़ आलम को बहुत पहले से जानता था और उसने महफ़ूज़ आलम को चौदह सिम कार्ड बिना डॉक्यूमेंट्स के मुहैया कराए जिनमें से चार सिम कार्ड उन आतंकवादियों के द्वारा इलाहाबाद ब्लास्ट में इस्तेमाल किए गए। बिलाल मोहम्मद और अली मोहम्मद के फ़ोन पर पाकिस्तान के उन सन्दिग्ध नम्बरों से सैकड़ों फ़ोन कॉल्स भी आए जहाँ से विस्फोट के ठीक चार घंटे बाद इनको 1500 यूएस डॉलर की फ़ीस प्राप्त हुई। मुराद अली मोहम्मद का 25 साल पुराना इतिहास है श्रीमान दंगाइयों के साथ साँठ-गाँठ करने का। अतः प्रॉसीक्यूशन अदालत से प्रार्थना करता है कि मुराद अली मोहम्मद को ऐसे दंड से दंडित किया जाए श्रीमान जिसे देखकर देश का कोई भी व्यक्ति दोबारा देशद्रोही गतिविधियों में संलिप्त रहने का साहस ना कर सके। और अभियोजन की धारणा के अनुसार इस जघन्य अपराध के लिए मृत्युदंड से कम कुछ नहीं हो सकता। दैट्स ऑल योर ऑनर।

जज हरीश मधोक

जी। डिफेंस।
(आरती उठती है। गम्भीर। शान्त।)

आरती

वाकई बहुत अच्छा शेर सुनाया।
हम उन्हें अपना बनाएँ किस तरह
वो हमें अपना समझते ही नहीं।

हम और वो। अस एंड देम। माय लार्ड ये केस शाहिद, या बिलाल या अली मोहम्मद के बारे में तो है ही नहीं। ट्रेजिकली ये केस है 'हम और वो' के बारे में। जज साहब इस कोर्ट में तरह-तरह के लोग हैं। मैं और ये परिवार जिन्हें ये प्रूव करना है कि हम निर्दोष हैं। सन्तोष आनन्द, दानिश जावेद और ये सभी ऑफ़िसर्स जो ये मान चुके हैं कि ये परिवार आतंकवादी है।

(वो चलती हुई लोगों के बीच जाती है और उनकी ओर इशारा करते हुए कहती है।)

आरती

और ये लोग जिनका इस केस से कोई लेना-देना नहीं। इनमें से कुछ पत्रकार हो सकते हैं। कुछ ऐसे लोग जो केवल इस केस में रुचि रखते हैं। लेकिन पता नहीं आपने नोटिस किया या नहीं कि जब भी सन्तोष आनन्द जी कोई भी ऐसा एक्युजेशन कसते थे कि इनके समाज में बच्चे ज़्यादा होते हैं, शिक्षा का स्तर कम होता है तो इन सब लोगों को हँसी आ रही थी।

(वो उनमें से एक से पूछती है)

क्या आप लोग बता सकते हैं मुझे कि आप लोगों को हँसी क्यों आ रही थी? मैम आप बता सकती हैं?

(कोई जवाब नहीं)

सर, आप बता सकते हैं?

(कोई जवाब नहीं)

जज साहब इनको इस बात पर हँसी आ रही थी कि जिस समाज में बच्चे ज़्यादा होते हैं, शिक्षा का स्तर कम होता है वो इनका समाज है।

(चलते हुए अली मोहम्मद के कन्धों पर हाथ रखती है)

उनका नहीं। 'हम और वो'। एक मुल्क काग़ज़ पर नक्शों की लकीरों से नहीं बँटता सर, मुल्क बँटता है दिमाग़ में, रंग से, भाषा से, धर्म से और जात से। और सन्तोष आनन्द जी ने बहुत ख़ूबसूरती से इस मुल्क को 'हम और वो' में बाँट दिया है। और ये सज़ा है इन सबकी, इन

सबकी जो सन्तोष आनन्द जी ने आपके फ़ैसले से पहले इन सबको दे दी है। इन सबको वही 'हम और वो' का चश्मा पहना दिया है जो ये ख़ुद पहनकर घूमते हैं। जज साहब, दिस केस इज़ बेस्ड ऑन प्रेज्यूडिस। बदर मंज़िल 1927 में बना हुआ वो घर है जिसमें वो परिवार रहता है जिसने सन 1947 में मज़हब और मुल्क में से मुल्क को चुना था। वो मुल्क, जिसमें डेढ़ सौ भाषाएँ बोली जाती हैं, दसियों धर्म माने जाते हैं, उस मुल्क में 'हम और वो' की नज़र से जस्टिस कैसे देखा जा सकता है आई रियली डोंट अंडरस्टैंड। गांधी को एक ब्राह्मण, एक समुदाय ने नहीं मारा था। गांधी को एक इंसान ने मारा था तो हम उस समुदाय को ढूँढ़कर उसे दोषी नहीं करार दे सकते ना? टेररिज़्म इज़ अ क्रिमिनल एक्ट, इट्स नॉट अ कम्युनल एक्ट। अगर हर इस्लाम के मानने वाले को एक ही तराज़ू में तौला गया तो दुनिया की एक चौथाई पापुलेशन शक के दायरे में आकर खड़ी हो जाएगी। कोई और तरीके ढूँढ़ने होंगे सर। सोनकर और चौबे को अली मोहम्मद के घर जाकर बताना होगा कि वो उनके साथ हैं। अली मोहम्मद, बिलाल और आयत को शाहिद और राशिद पर नज़र रखनी होगी। तभी ये मुल्क दुनिया का सबसे बेहतरीन मुल्क बनेगा। 'हम और वो' मिलके इस मुल्क को थोड़ी न बनाते हैं, 'हम' इस मुल्क को बनाते हैं।
(थोड़ा रुककर।)

आरती

शाहिद की मौत का ज़िम्मेदार वो ख़ुद था। पर बिलाल की मौत की ज़िम्मेदारी कौन लेगा? वो बीमार था। उसके इलाज के पैसों को जिहाद की फ़ीस मान लिया गया। आयत के पिता नहीं रहे, तबस्सुम के शौहर नहीं रहे। उसकी ज़िम्मेदारी कौन लेगा जज साहब?
(कोर्ट में शांति छायी है।)

आरती

डिफेंस प्रॉसीक्यूशन के सभी चार्जेज़ रिफ्यूज़ करता है और मैं कोर्ट को रिक्वेस्ट करती हूँ कि एक्यूज़्ड को बाइज़्ज़त बरी किया जाए। आई रेस्ट माय केस हियर। थैंक यू।

जज हरीश मधोक

फ़ैसला आधे घंटे के ब्रेक के बाद।

बाहर। कोर्ट—दिन

सब लोग बाहर इन्तज़ार कर रहे हैं। आरती और अली मोहम्मद कुछ बात कर रहे हैं। सन्तोष आनन्द डॉक्टर सहस्त्रबुद्धे से बात कर रहा है। दानिश अकेला खड़ा है।

अन्दर। कोर्ट—दिन

सब अपनी-अपनी जगह बैठे हैं। जज अपनी बात कहना शुरू करता है।

जज हरीश मधोक

दो केसों की बहस सुना दी आप लोगों ने। एक का फ़ैसला मेरे अधिकार क्षेत्र में है, एक का नहीं है। पर सलाह तो दे ही सकता हूँ। अली मोहम्मद जी, कोई आपकी दाढ़ी पर सवाल उठाए आज के बाद तो इमोशनल मत होइए और ग़ुस्सा भी मत कीजिए।
(भारतीय संविधान की किताब उठाते हुए)
इस किताब के पहले पन्ने की फ़ोटो कॉपीज़ करा लीजिए दो-चार और जो भी सवाल उठाए उसे दिखा दीजिए एक पन्ना। उसके बाद भी कोई परेशान करे तो हम सँभाल लेंगे। क्या है कि ये फ्रिंज एलेमेंट्स हैं। इनपे रियेक्ट करके आप इन्हें मेनस्ट्रीम में ला रहे हैं। आपके भाई की मौत हो गई इस मुकदमे के दौरान। मैं और कोर्ट दुखी है इस लॉस के लिए। और साथ में ग़ुस्सा भी है कि आप अपने लड़के पर नज़र नहीं रख पाए। नज़र ना रख पाने की कोई सज़ा तो है नहीं। पर सँभालिए अपने लड़कों को। किससे मिलते हैं? क्या देखते हैं? बूस्टर एंटीना...क्या लगाते हैं...सँभालिए। इस्लाम के एजेंट नहीं हैं आतंकवादी पर अपने बिज़नेस और पॉलिटिक्स के लिए ये इस्लाम का मिसयूज़ कर रहे हैं। इस बात को एकनॉलेज कर लें आप तो इससे बचने का रास्ता भी निकल आएगा। दानिश जी, आप तो अपनी ही कम्युनिटी के अगेंस्ट प्रेज्यूडिस्ड हैं। ये तो आपको पता चल ही गया होगा। और नहीं होते तो ये जो हवाला हवाला आप इतने दिनों से कर रहे हैं, एक केस फ़ाइल कर दिया होता। पर

आपको तो टेररिज़्म और एनकाउंटर्स में दिलचस्पी है। आपका फोकस तो वहाँ है। अपना चश्मा साफ़ कीजिए दुनिया ख़ुद साफ़ हो जाएगी। सन्तोष आनन्द जी, इस कोर्ट में किसी को अपने दादा के दादा का नाम नहीं पता होता और सातवीं सदी में बिलाल नाम का एक आदमी हुआ था उसे डिस्कस कर रहे हैं हम? ऐसे सोल्व करेंगे हम 2018 की प्रॉब्लम...हाँ? कौन पहले आया, कौन बाद में आया 500 साल बाद हम ये डिस्कस करेंगे तो 5 हज़ार साल पीछे चले जाएँगे। और कोर्ट में झूठ बोला आपने कि अब्दुल कलाम, अब्दुल हमीद और बिस्मिल्लाह ख़ान अपवाद हैं, एक्सेप्शन हैं मुस्लिम समाज में। व्हाट्सएप पर पढ़ा होगा आपने ये मेसेज...नहीं? अगर इतना ही समय इतिहास पढ़ने में लगा देते जो न्यूज़ चैनल देखने और व्हाट्सएप देखने में लगाते हैं तो आपको पता चल जाता कि मुसलमानों में कितने आतंकवादी हैं और कितनों ने देश का नाम रोशन किया। हज़ार नाम मैं भी गिना सकता हूँ पर ये मेरा काम नहीं है। और आप लोग, दानिश जी ने आतंकवाद की जो परिभाषा दी है, इस कमरे से बाहर जाके याद रखिएगा। बम ब्लास्ट टेररिज़्म है। पचास और चीज़ें टेररिज़्म हैं। मन्दिर में भाषण मत होने देना, संसद में पूजा मत होने देना। ये सँभाल लिया तो बाक़ी सब सँभल जाएगा। और जब भी कोई 'हम' और 'वो' में बाँटने की कोशिश करे कि हम अच्छे हैं और वो बुरे हैं तो घर जाकर कैलेंडर देख लीजिएगा कि इलेक्शन में कितना टाइम बचा है। अली मोहम्मद जी आपको बाइज़्ज़त बरी कर रहा हूँ। आप पर लगाए सारे इल्ज़ाम कोर्ट ख़ारिज़ करती है।

(आरती अली मोहम्मद के गले लगती है। आयत अपनी जगह पर बैठी रहती है। उसकी आँखों में आँसू हैं। राशिद भी वहीं बैठा है। सन्तोष आनन्द आरती के पास आता है।)

सन्तोष आनन्द

वाह। आज फिर से न्याय से धर्म को हरा दिया। बधाई हो।

(आरती कुछ नहीं कहती।)

सोनकर

भाभीजान बहुत-बहुत मुबारक़। बहुत बधाई बेटा।

आरती

अब्बू...हम केस जीत गए।
(राशिद आयत से पूछता है।)

राशिद

माफ़ करोगी मुझे?

आयत

हमें पहले बताया होता तो ये सब नहीं होता।
(वो उठकर चली जाती है। दानिश अपनी जगह बैठा हुआ है। अली मोहम्मद उसके पास जाता है।)

अली मोहम्मद

प्यार ढूँढ़िएगा जनाब तो प्यार मिलेगा।
(दानिश उसे देखता रह जाता है। चौबे अली मोहम्मद के पास आता है। अली मोहम्मद उसे नज़रअन्दाज़ कर निकल जाता है।)

अन्दर। बदर मंज़िल—दिन

अली मोहम्मद, आरती, आयत, तबस्सुम और आफ़ताब, सब छोटी तबस्सुम के पास जाते हैं।

अली मोहम्मद

बेटा, बिलाल को बाइज़्ज़त बरी करवा लाए हम।
(छोटी तबस्सुम फूट-फूटकर रोने लगती है। अली मोहम्मद उसे सँभालता है।)
क़व्वाली शुरू होती है।

बाहर। मुस्लिम बहुल गली-दिन

एक दुकान में टेबल पर तिरंगा लगा हुआ है। टोपियाँ लगाए हुए लोग। एक क्रिकेट मैच चल रहा है टीवी पर। हम पहली बार दानिश जावेद

को कुरता-पजामा में देखते हैं। वह गली से आता दिखता है और दुकान के बाहर आराम से बैठ जाता है।

टोपी लगाए हुए एक छोटा बच्चा, 7-8 साल का, भाग रहा है। हम उसे पीछे से देखते हैं। उसने एक टी-शर्ट पहन रखी है जिस पर पीछे 'धोनी' और नम्बर '7' लिखा है। वह ख़ुशी से हवा में कूदता है। जैसे ही वह कूदता है, फ्रेम फ़्रीज़ हो जाता है।

फेड आउट।

❂❂❂

अनुभव सिन्हा और तापसी पन्नू शूट के दौरान फ़ुरसत के कुछ पलों में सीन के बारे में बात करते हुए।

नीना गुप्ता और अनुभव सिन्हा को अपने संवाद पढ़कर सुनाते हुए ऋषि कपूर। नीना गुप्ता प्रसन्नचित्त मुद्रा में।

अनुभव सिन्हा और छायाकार / सिनेमेटोग्राफ़र इवान मुलिगन मोटरसाइकिल पर। साथ में फ़र्स्ट असिस्टेंट डायरेक्टर विख्यात सरीन, फ़र्स्ट असिस्टेंट कैमरा धनंजय नवग्रह, आयत की भूमिका में वर्तिका सिंह और कंटीन्युटी सुपरवाइज़र रिधि राजपाल।

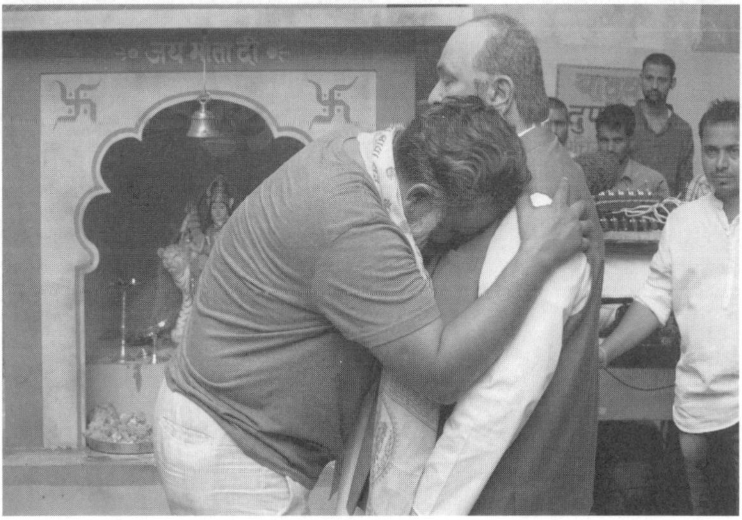

शूट के दौरान एक भावुक क्षण में अनुभव सिन्हा और ऋषि कपूर।
पीछे खड़े लाइन प्रोड्यूसर अमित चौधरी।

सोनकर की भूमिका में अनिल रस्तोगी (बाएँ), लल्लन पांडे की भूमिका में स्व. विनय घोषाल (दाएँ) और अनुभव सिन्हा।

कोर्टरूम में सीन की रिहर्सल के दौरान अनुभव सिन्हा, मनोज पाहवा और आशुतोष राणा।

कोर्टरूम में सीन की रिहर्सल के दौरान अनुभव सिन्हा, आशुतोष राणा और फ़र्स्ट असिस्टेंट डायरेक्टर विख्यात सरीन।

ख़ुदा और जुदा के बीच नुक़्ते का फ़र्क़ समझाते अनुभव सिन्हा।

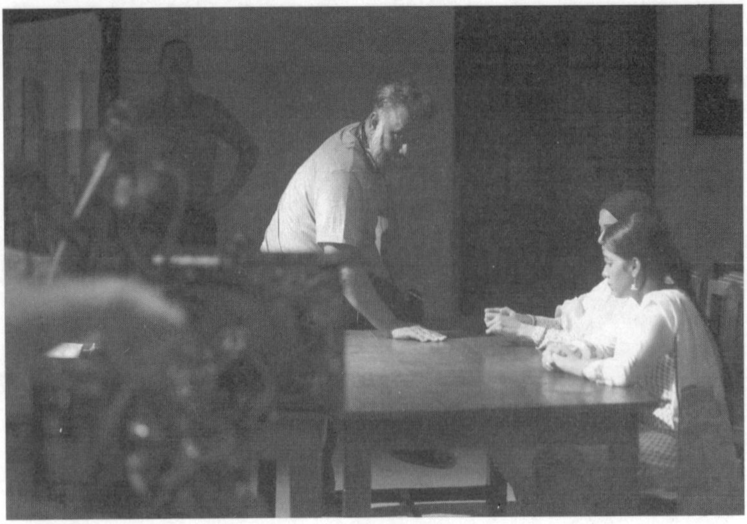

इन्टैरोगेशन रूम में सीन की रिहर्सल के दौरान अनुभव सिन्हा, छोटी तबस्सुम की भूमिका में प्राची शाह और आयत की भूमिका में वर्तिका सिंह।

कोर्टरूम में दृश्य समझाते निर्देशक अनुभव सिन्हा। पीछे हैं तापसी पन्नू और आशुतोष राणा।